Europa jetzt!
Eine Ermutigung

Ulrike Guérot
Oskar Negt
Tom Kehrbaum
Emanuel Herold

Europa jetzt!
Eine Ermutigung

Steidl

»Glücklich, wer, was er liebt, tapfer zu verteidigen wagt.«
— Ovid

Inhalt

Auftakt – Europa? War da was?
Seite 9

Ein soziales und demokratisches Europa neu denken!
Tom Kehrbaum
Seite 11

Europa erfahrbar machen: Öffentlichkeit, Bildung, Beteiligung
Tom Kehrbaum im Gespräch mit Oskar Negt und Emanuel Herold
Seite 39

Die Zukunft Europas – oder Zukunft ohne Europa?
Ulrike Guérot
Seite 65

Europa jetzt! Aktiv werden
Seite 83

Auftakt – Europa? War da was?

Wir haben den Eindruck, dass die politisch Verantwortlichen in diesem Land den europapolitischen Aufbruch schon wieder abgesagt haben, bevor er überhaupt richtig begonnen hat.

Den ambitionierten Vorschlägen des französischen Präsidenten begegnet man wahlweise mit Zaudern oder Ignoranz. Eine Bundesregierung, die ihrem wichtigsten Partner keine klaren Gegenvorschläge macht, scheint nicht aus dem europäischen Holz geschnitzt zu sein, das es dieser Tage braucht. Wir hoffen, uns darin zu täuschen, aber die Zeichen deuten in diese Richtung.

So klopft mancher aus der hiesigen Regierung ohne Schamgefühle dem ungarischen Ministerpräsidenten zum Wahlsieg auf die Schulter. Dass man damit einen Politiker hofiert, dessen offener Nationalismus zum Vorbild für rechte Populisten allerorten geworden ist, ist absolut fahrlässig. Allen, die sich in Deutschland und ganz Europa für Verständigung und Zusammenarbeit starkmachen, können solche kruden Profilierungsversuche nur als Irrweg erscheinen.

Die Europäische Union gilt hierzulande meist als mehr oder weniger hilfreiches Instrument, um bestimmte ökonomische oder machtpolitische Ziele zu erreichen. Das ist sie sicherlich auch – aber ist das alles? War da nicht noch etwas? Hinter dem institutionellen Gefüge der EU schlummert eine politische Verheißung, ein Novum der europäischen Geschichte: die Möglichkeit einer transnationalen Demokratie, die zum Wohle ihrer vielfältigen Bürger*innen die großen Herausforderungen unserer Zeit anpackt.

Soll es für Phänomene wie den digitalen Kapitalismus, den Klimawandel, die neue Automatisierung der Arbeitswelt, die Kriege im Nahen Osten, den Wandel der Energieversorgung oder den internationalen Terrorismus etwa deutsche, französische, spanische, finnische, polnische oder bulgarische Lösungen geben? Wer sich dieser Illusion hingibt, setzt die, die ihm vorgeblich am wichtigsten sind – seine Landsleute –, über kurz oder lang zu bloßen Objekten dieser Entwicklungen herab. Denn etwas anderes können sie im nationalen Rahmen nicht sein.

Die Bürger*innen dieses Kontinents haben allen Grund, sich als gemeinsam Betroffene dieser Entwicklungen zu begreifen. Doch damit nicht genug: Vergegenwärtigen sie sich zudem ihre jahrzehntelange Friedens- und Demokratisierungsgeschichte, werden sprachliche und kulturelle Differenzen nicht mehr Anlass sein, sich in die nationale Komfortzone zurückzuziehen. Stattdessen lassen sich übergreifende Gestaltungsansprüche formulieren, die die Präsenz jener gemeinsamen Geschichte brauchen und die zugleich einen gemeinsamen Zukunftshorizont stiften.

Es ist nicht unbedingt einfach, in diesem Sinne Europäer*in zu sein – aber es wird immer noch übersehen, wie erstrebenswert es ist! Mit unseren Beiträgen, die sich der Vergangenheit, Gegenwart und Zukunft dieses einzigartigen Projekts widmen, möchten wir uns in die laufende Debatte um eine gemeinsame europäische Zukunft einbringen – und fordern Sie auf, es uns gleichzutun! Dabei ist klar, dass Debattieren kein Selbstzweck bleiben darf, sondern handlungsleitende Perspektiven hervorbringen muss.

Das Zeitfenster für eine anspruchsvolle und nachhaltige Neuausrichtung des europäischen Weges ist endlich. Daher gilt: *Europa jetzt!*

Ulrike Guérot, Tom Kehrbaum,
Oskar Negt und Emanuel Herold
April 2018

Tom Kehrbaum
Ein soziales und demokratisches Europa neu denken!

Dass so was von so was kommt – Die Reblauskrise in Europa

Die Erfindung der Dampfmaschine löste zu Beginn des 19. Jahrhunderts rasante Globalisierungsschübe aus und beschleunigte das Leben spürbar. Dauerte die Fahrt zwischen den Vereinigten Staaten und dem europäischen Festland zu Beginn des 19. Jahrhunderts noch dreißig Tage, so wurden mit den ersten Dampfschiffen die Geschwindigkeitsrekorde immer wieder gebrochen. Der erste Ozeandampfer »Savannah« brauchte 1819 für die Überfahrt noch 25 Tage. Die nach dem gleichnamigen englischen Reeder benannten »Cunard-Schiffe« legten die Strecke 1830 in nur 18 Tagen zurück. Die »Britannia« unterbot diesen Rekord 1848 mit 14 Tagen, und im Jahre 1856 war die »Persia« bereits nach neun Tagen an ihrem Ziel.[1] Eine angenehm kurze Reise auch für den blinden Passagier, der nach der 6.000 Kilometer langen Überfahrt auf das europäische Festland krabbelte: die amerikanische Reblaus.

Wer hätte gedacht, dass dieses wenig possierliche Tierchen dem dampfenden Fortschrittsoptimismus der ersten industriellen Revolution den ersten Dämpfer verpassen würde. Bis dahin lief alles rund. Denn zusätzlich zu den kurzen Fahrtzeiten ermöglichte die Erfindung eines Gasbehälters das Überleben der nordamerikanischen Rebstöcke. Diese

---

1 Vgl. Radunz, Karl: *Einhundert Jahre Dampfschifffahrt* (Europäischer Hochschulverlag: Bremen, 2011).

wuchsen schneller als die europäischen Reben und sollten eher zur Steigerung der Erträge als zur Gaumenfreude beitragen. Die Ankunft der entspannten, ausgeruhten und bestens genährten Rebläuse war der Auslöser einer zwanzig Jahre währenden europäischen Krise (1860–1880). Sie erstreckte sich, von Frankreich ausgehend, über weite Teile Europas und hatte am Ende fast zwei Drittel des europäischen Weinanbaus zerstört.

Die eigentliche Ursache für die absterbenden Rebstöcke lag zunächst im Dunkeln. Spekuliert wurde deshalb in alle möglichen Richtungen. Zuerst musste das Wetter als Erklärung fürs Rebensterben herhalten, dann erschöpfte Böden und schließlich beschwor man – denn auch damals gab es schon Kulturpessimisten – das Unheil eines degenerierten Europas als Ursache. Diese Vielfalt der Ursachenforschung wurde von der Kreativität der Bekämpfungsweisen noch überboten. Erst einmal wurden – die Chemie war Leitwissenschaft – alle verfügbaren Gifte in die Böden gepumpt: Arsen, Kupfer- und Quecksilbersalze, Schwefelkalzium, Karbolsäure, schwefelige Säure, Phosphor-Wasserstoffe, Schwefelkohlenstoff, Wacholderöl, Benzin, Naphthalin, Erdöl, Schiefer, Glycerin. Nichts half, weshalb man bald zu außergewöhnlichen Maßnahmen griff und Kröten in der Erde vergrub oder Rinderleber im Weinberg verbrannte. Schließlich mussten – in einem letzten Akt der Verzweiflung – Schulkinder an die Weinstöcke urinieren.

Die Situation war ernst. Zunehmend machten sich Hilflosigkeit, Entsetzen und vielerorts die blanke Not breit. In einigen Regionen Frankreichs sank die Weinerzeugung auf ein Viertel des Stands von 1860, und viele Winzer – ebenso wie in Portugal, Spanien, Österreich, Deutschland, Italien und der Schweiz – gaben auf, verkauften ihre Stöcke als Brennmaterial und züchteten fortan Rüben.

Das Nichtwissen über die Ursachen und die Hilflosigkeit bei der Gegenwehr brachten schließlich die Menschen zusammen. Biologen erkannten zuerst die Reblaus als Ursache für das Massensterben, und im Jahre 1870 kamen Experten aus ganz Europa in Paris zusammen, um

Strategien zur Lausvertilgung zu diskutieren. Die Lösung war schließlich eine Win-win-Situation für alle Beteiligten – selbst für die amerikanische Reblaus.

Der Politiker, Rechtsanwalt und radikaldemokratische Revolutionär Friedrich Hecker gab den entscheidenden Impuls. Er hatte nach der einzigen – und dazu noch gescheiterten – deutschen Revolution 1848 in die USA auswandern müssen, wurde dort Bauer und züchtete Wein. Hecker vermutete frühzeitig, dass die amerikanischen Weinstöcke Resistenzen gegen die Reblaus entwickelt hatten. Bestätigt wurde er in seinem Verdacht durch die neue Leitwissenschaft: die Evolutionsbiologie. Mit der Methode des sogenannten »Pfropfens« wurden die europäischen Weinreben mit den amerikanischen veredelt und somit gegen die Reblaus resistent gemacht. Die Natur hatte gesiegt, kein Gift war mehr nötig, mangels Nahrung schwand die Reblauspopulation auf eine beherrschbare Größe, das Problem war gelöst.

Heute sind fast hundert Prozent der deutschen Weinbaugebiete mit Pfropfreben bestückt, und Brüssel sorgt dafür, dass bei Neuanpflanzungen keine *wurzelechten* europäischen Reben mehr eingesetzt werden.

Wir wollen uns gar nicht vorstellen, in welchem Europa wir heute leben würden, wäre diese Krise nicht durch Kooperation und Voneinanderlernen, durch Sachverstand und Rationalität, durch Ideen *revolutionärer* Denker und durch Besinnung auf natürliche Grundlagen gelöst worden. Das Abendmahl in der Kirche wäre mit Johannisbeersaft eine saure Angelegenheit geworden, die Deutschen hätte in den 50er Jahren ihre Sorgen nicht *in ein Gläschen Wein schütten* können, Politiker könnten nicht mit einer Schirmherrschaft beim Weinfest punkten …

Was können wir also aus der Reblauskrise lernen? Was davon könnte uns beim Verstehen der aktuellen Situation Europas und beim Nachdenken über Probleme und Lösungen helfen? Meiner Meinung nach Folgendes:

— Jeder Fortschritt kann in sein Gegenteil umschlagen.
— Es gibt in Europa bereits eine Geschichte des sozialen und kooperativen Handelns.
— Gemeinsame Bildungsprozesse fördern geteilte Interessen und Werte.
— Besinnung auf unsere Natur fördert nachhaltige und soziale Lösungen.
— Anhaltende Probleme und Unsicherheiten ermöglichen Rückfälle in Irrationalität.
— Es gibt viele gute Beispiele, wie in Europa Gemeinsinn wachsen kann.
— Wir müssen bereit sein, Altbewährtes aufzugeben, um Neues wachsen zu lassen.

Keine Frage, Europa steckt in einer vielschichtigen Krise. Doch angesichts der Gefahr nationalistischer und antidemokratischer Tendenzen, und dadurch neuer Kriege auf dieser Welt, scheint Europa als soziales und friedliches »Projekt« besonders schützenswert. Es gibt meiner Meinung nach keine Alternative zu einer Vertiefung des Einigungsprozesses und einem gemeinsamen Europa der Menschen. Vielleicht steht am Ende eine »Republik Europa«, wie Ulrike Guérot sie gedanklich profund vorzeichnet.

Ich will nicht das relativ junge, auf Finanzfragen reduzierte Europa zum Thema machen, indem die »Fetischisierung der Geldverhältnisse« (Oskar Negt) den Irrglauben befördert hat, man könne alle Probleme in Europa mit Geld regeln. Ich möchte das kulturelle, soziale und demokratische Europa zum Thema machen, das eine lange Geschichte hat. Diese Geschichte ist eine Quelle, die unerschöpflich sprudelt und dazu einlädt, kurz zu verweilen, auszuruhen und sich für den weiteren Weg zu laben. Wir entscheiden, welches neue Europa wir in uns aufnehmen und was wir versiegen lassen.

Ich werde mein Europaverständnis in einen Diskurs um das menschliche Selbstverständnis einbetten und dabei natürliche, kulturelle und politische Aspekte behandeln. Ausgehend von dem, was wir teilen und was uns eint, möchte ich auch über ein Bildungsverständnis nachdenken, das ein soziales und demokratisches Europa fördert. Das zwischenmenschliche Fundament des Sozialen und seine Ausdrucksformen in Arbeit, Bildung und Humanismus in Europa werden ebenso eine Rolle spielen wie die zwischenmenschliche Basis von Gemeinsinn, Gemeinwesen und Demokratie.

Der Diskurs über das Soziale

Wenn wir über ein *soziales Europa* nachdenken, müssen wir zunächst fragen: Was bedeutet eigentlich »sozial«? Der Begriff wird heute in öffentlicher Rede meist nur noch im sozialversicherungstechnischen Sinne verwendet. Der Diskurs über das Soziale wäre demnach nur noch auf die Arbeitslosen-, Kranken-, Renten- oder Pflegeversicherung beschränkt. Zweifellos ist der Sozialstaat eine europäische Innovation, die maßgeblich zum *sozialen Frieden* in Europa beiträgt. Zudem fördert er wirtschaftliche Prosperität, weil technologische und soziale Innovationen, und somit auch kultureller und zivilisatorischer Fortschritt, am besten gedeihen, wenn sich Menschen in einem sicheren Umfeld bewegen. Der Abbau von sozialen Ängsten und ökonomischen Unsicherheiten lässt Menschen offen sein und fördert die Lust, etwas Neues auszuprobieren. Sicherheit ist eine Bedingung für persönliche, kulturelle und wirtschaftliche Entwicklungen und somit für ein innovationsfreundliches Europa. Je größer diese Sicherheit, umso weniger Chancen haben Populisten, die Ängste um soziale Sicherheit für ihre Zwecke zu missbrauchen.

Das Perfide am Unwort des Jahres 2013, »Sozialtourismus«, war, dass die deutsche Sprache es erlaubt, ein übles Vorurteil als feststehenden Begriff zu definieren, der uns Angst macht und gleichzeitig auf Schuldige zeigt. Solange es den Sozialstaat gibt, wurde über Missbrauch diskutiert. Aber der Begriff »Sozialtourismus« verweist auch auf eine Verschiebung des sozialen Konflikts, den der Sozialstaat in den letzten hundert Jahren eigentlich weitgehend zu befrieden versuchte. Dem Sozialstaat und seinen politischen Akteuren gelang es im 20. Jahrhundert, den Gegensatz zwischen Oben und Unten zu entschärfen. Die Arbeitgeberverbände auf der einen Seite und die Arbeiterbewegung und ihre Gewerkschaften auf der anderen Seite waren die entscheidenden Akteure. Das heißt nicht, dass es keinen unermesslichen Reichtum mehr gibt, dem auch in Deutschland große Armut gegenübersteht.

Offensichtlich geht es in Europa nicht mehr um Oben oder Unten, sondern um Drinnen oder Draußen. Und um die Frage, wer darf dazugehören und unter welchen Bedingungen.² Diese Situation verdeckt oft nur die Kontinuität ökonomischer Macht, die zu einem großen Teil nach blankem Profit trachtet. Viele, die sich nichts sehnlicher wünschen als Schutz, Sicherheit und Zugehörigkeit, werden mit bereits überwunden geglaubten Formen der Ausbeutung konfrontiert. Angesichts zahlreicher Fälle von systematischer Ausbeutung von Zuwanderern zum Beispiel durch Unternehmen der Fleischindustrie – aber auch bei Leiharbeits- und Werksvertragsarbeitern und durch skrupellose Immobilienhaie, die ihnen primitive Behausungen zu horrenden Mieten überlassen – fragt man zu Recht: Wer betrügt hier eigentlich wen?³ Die Lüge, die mit der Verwendung von Begriffen wie »Sozialbetrug« und »Sozialtourismus« vollzogen wird, ist das Leugnen und Ignorieren von menschenverachtender Ausbeutung. Damit können wir zwei Formen des sozialen Zusammenlebens gegenüberstellen und entscheiden, welche der beiden die *soziale* ist. Auf den Punkt gebracht geht es darum, ob wir einander ausnutzen oder ob wir einander brauchen und unterstützen.

---

2   Vgl.: Mau, Steffen: »*Die neue Krankheit*«, in: *Süddeutsche Zeitung*, 14. Februar 2014, S. 2.

3   Vgl.: Butterwegge, Christoph: »*Armutsimport‹: Wer betrügt hier wen?*«, in: Blätter für deutsche und internationale Politik 2/2014 (Blätter-Gesellschaft, Bonn), S. 5-8.

Betrachten wir zuerst *die dunkle Seite der Macht*. Der Mensch hat die einzigartige Fähigkeit zur willentlichen, planmäßigen und systematischen Kooperation ausgebildet. Bestimmte Formen von Macht bringen Menschen in die Lage, diese soziale Fähigkeit unsozial zu nutzen. Der Kapitalismus hat diese Form des zwischenmenschlichen Umgangs zur systematischen Grundlage entwickelt. Der machtbasierte und unsoziale Umgang zwischen Menschen zeigt sich in der Durchsetzung des Willens einer bestimmten Person oder von bestimmten Gruppen, mit dem Ziel, andere für eigene Zwecke und Ziele zu missbrauchen. Diese stets präsente, aber oft verleugnete Macht anderer über das eigene tägliche Leben führt – neben leidvollen Erfahrungen – zu einem allgemeinen Unbehagen im sozialen Miteinander, da es Vertrauen und sozialen Bindungen zerstört. Der Philosoph Rainer Marten beschreibt die politische Einbettung dieses *Modus Vivendi* so:

»Für alle Spielarten des demokratischen Kapitalismus ist als maßgebliche Kategorie der Bestimmung von Politik und Gesellschaft der Erfolg anzusehen. Gute Politik macht, wer den Vitalen zum gesellschaftlichen Erfolg verhilft, d. h. zur Vorteilnahme. Die gute Ordnung einer kapitalistischen Gesellschaft ermisst sich an der Güte der Sicherung der gelungenen Vorteilnahme. […] Erfolg für sich selbst (als Individuum, Gruppe usw.) durch einseitigen Gebrauch Anderer geht prinzipiell vor. Gelingende Lebensteilung im einander Brauchen […] hat das Nachsehen. Politischer und gesellschaftlicher Erfolg stellt, so gesehen, den erfolgreichen Missbrauch Anderer dar. Missbrauch definiert sich dabei einfach aus dem Gebrauch Anderer, der es darauf ankommen lässt und geradezu darauf anlegt, das Leben nicht mit ihnen zu teilen.«[4]

---

[4] Marten, Rainer: *Lebenskunst* (Fink Verlag: München, 1993) S. 82.

Es folgt dieser Logik, dass sich viele Regierungen in Europa nur noch darauf konzentriert haben, Menschen ökonomisch zu *empowern* und die Bildungsinhalte und -formen danach auszurichten. Deregulierung und Förderung von »Humankapital« waren jahrzehntelang das ökonomische Programm, das sich vor allem an die *Smarten* richtete. Diese schwebten auch in der Blase der sogenannten »New Economy«, die schließlich platzte, und viele der einst, sogar im »Duden-Wörterbuch der New Economy« von 2001, gefeierten Top-Manager fielen tief, manche sitzen sogar im Gefängnis.

Menschen mit ökonomischer Macht gelten zwar oft als »Gewinner«, aber bewährt sich diese *Smartness* auch auf lange Sicht? Sicher nicht, wenn sie ihren Erfolg anderen zu verdanken haben, es ihnen aber nicht in gleichem Maße danken. Diese Unmenschlichkeit im alltäglichen sozialen Umgang zerstört immer stärker auch die ursprünglich familiäre Basis einer Gemeinschaft und Gesellschaft: einander zu brauchen. Damit komme ich zu den hellen Aspekten des »Sozialen«.

Wenn wir an einem sozialen Europa bauen wollen, kann ein Leitprinzip lauten, dass einander zu brauchen auch in der alltäglichen Lebens- und Arbeitswelt wieder spürbar sein muss. Diese menschliche Eigenschaft zur wahrhaft *sozialen Kooperation* drängt nach Entfaltung. Sie zu unterdrücken, ist gegen die menschliche Natur. Viele soziale Errungenschaften und Institutionen in Europa zeugen direkt oder indirekt vom Wunsch, dass *einander zu brauchen* auch in Wirtschaft und Gesellschaft gelebt werden will.

Denn zu einem sozialen Staat gehören Meinungsfreiheit ebenso wie ein respektvoller mitmenschlicher Umgang und die Anerkennung von Minderheiten. Es gehören gute, umfassende Bildung und anständige Arbeit ebenso dazu wie demokratische Beteiligungsmöglichkeiten. Es gehören eine freie Presse und für alle zugängliche kritische Medien dazu, genauso wie eine freie und unabhängige Wissenschaft. Nicht zuletzt braucht ein *sozialer* Staat eine lebendige Kultur, also öffentliche Räume, in denen gemeinsame Erfahrungen und gemeinsames Interpretieren ermöglicht werden, wodurch geteilte Auffassungen von der Wirklichkeit entstehen.

Die vielfältigen Aspekte eines sozialen Gemeinwesens verweisen auf eine reiche anthropologische Entwicklungsgeschichte. Das natürliche Bedürfnis des Menschen nach Zugehörigkeit kann auch evolutionsbiologisch hergeleitet werden. Die Abhängigkeit von der dinglichen Umwelt konnten wir Hominiden dadurch produktiv gestalten, dass wir sie mit einer lebensdienlichen Abhängigkeit vom sozialen Umfeld weiterentwickelt haben. Mit dieser Kooperationsfähigkeit bekamen wir kollektive Macht zur Gestaltung der Umwelt und entwickelten Kultur.

Im Zusammenspiel von individuellen und kollektiven Wachstumsprozessen durch Kommunikation und Interaktion entfaltete sich der Mensch auch zum *Zoon politikon* – dem geselligen und in Gemeinschaft lebenden Menschen, der sich schon aus seinem Wesensgrund für das Gemeinwesen interessiert und deshalb politisch ist. Als Menschen existieren wir nur im Plural. Wir brauchen einander. Der Mensch wird zum Menschen in mitmenschlicher Begegnung. Die Begriffe »Miteinander«, »Voneinander« und »Füreinander« bringen diese *menschenalten* und *menschenweiten* (Rainer Marten) Erfahrungen zum Ausdruck. Dennoch scheint unser Alltag von individuellem Leistungsdenken, Missgunst, Egoismus, Neid und Konkurrenzkampf geprägt zu sein. Anlass genug, unser heutiges menschliches Selbstverständnis eines *Homo egozentricus* zu ergründen.

Die bedenkenswerten Grundlagen des menschlichen Selbstverständnisses

Im Christentum – rund Dreiviertel der Europäer sind Christen – ist der Mensch nach dem Ebenbild Gottes erschaffen. Bis heute ist die Vorstellung, Gott ähnlich zu sein (Gottebenbildlichkeit) eine Grundlage für den

Würdebegriff im deutschen Grundgesetz.[5] Beim morgendlichen Blick in den Spiegel sahen wir – neben oft müden Menschen – lange einen Teil Gottes in uns. Das machte uns vermutlich ein bisschen stolz. Dann kam Charles Darwin mit einer radikalen (»disruptiven«, wie man heute sagt) wissenschaftlichen Innovation: der Evolutionstheorie. Diese vertrieb Gott aus unserem täglichen Spiegelbild und setzte einen Affen an seiner statt.

Nicht Freude über die wissenschaftliche Erkenntnisfähigkeit war die Reaktion, sondern Erschütterung und Verunsicherung, Halt- und Orientierungslosigkeit gegenüber dem neuen, aufgezwungenen Selbstbild machten sich breit. Dieser Prozess ging mit dem Verlust des Lebenssinns einher, auch mit Gemeinsinnverlust, für den dringend ein Ersatz hermusste. Neuorientierung und Umdenken war das Gebot der Stunde. Aber wie? *Changemanagement*-Seminare waren noch nicht erfunden, obwohl das *Managen* als neuer Weltumgang schon aus naher Zukunft winkte.

Denn just in der Phase der Neuorientierung des Menschen zwischen Sinnentzug und Sinnbewahrung entwickelte die Ökonomie ihr Selbstbewusstsein. Das 19. Jahrhundert wurde auch das »ökonomische Jahrhundert« genannt. Die Vorherrschaft ökonomischer Diskurse ging an Darwin und seinen Interpreten nicht spurlos vorbei. Die ökonomischen Wertprinzipien des Marktes, der wirtschaftliche Kampf und die Konkurrenz flossen begrifflich in die Ausarbeitung und Ausformulierung der darwinistischen Lehre mit ein.[6] Das heißt: Um die neuen naturwissenschaftlichen Grundlagen unseres Selbstverständnisses – die biologische

---

5 Der Begriff »Würde« enthält eine präzise Abgrenzung vom ökonomischen Wert (Preis, Geldwert). Als in der Aufklärungsepoche Immanuel Kant die Würde des Menschen zum Grundprinzip der Ethik erhob, hielt er fest: »Was einen Preis hat, an dessen Stelle kann [...] etwas anderes als Äquivalent gesetzt werden; was dagegen über allen Preis erhaben ist, mithin kein Äquivalent verstattet, das hat eine Würde.« Immanuel Kant: *Grundlegung der Metaphysik der Sitten*, 1785, Akad.-A. IV, 434. (vgl. Kreß, 2000).

6 Erste deutsche Auflage: »Über die Entstehung der Arten im Thier- und Pflanzen-Reich durch natürliche Züchtung, oder Erhaltung der vervollkommneten Rassen im Kampfe um's Daseyn«. E. Schweizerbart'sche Verlagshandlung und Druckerei, Stuttgart 1860, Im Original: *On the Origin of Species by Means of Natural Selection, or the Preservation of Favoured Races in the Struggle for Life.*

Evolution – zu begreifen, bedienten wir uns beim begrifflichen Instrumentarium des Kapitalismus, der sich zu dieser Zeit mithilfe der Nationalökonomie *selbst-verständlich* machte. Der Kernsatz des Sozialdarwinismus, »survival of the fittest«, wurde zum Beispiel erst der fünften Auflage (1869) seines Buches *On the Origin of Species* hinzugefügt, nachdem der Philosoph der mechanistischen Evolution, Herbert Spencer (1820–1903), diesen Ausdruck geprägt hatte.

An der Abstammungslehre mit dem gemeinsamen Entwicklungsstammbaum aller Lebewesen besteht kein Zweifel. Durch die Reduzierung dieses Milliarden Jahre dauernden Prozesses auf kapitalistische Wirkweisen wurde der Anteil der Kooperationsfähigkeit an der Entwicklung komplexen Lebens völlig ausgeblendet. *Wachstum* wurde aus kapitalistischer Perspektive auf einen Aspekt der Überlebensfähigkeit reduziert. Leben bedeutet *per se* Wachstum. Demokratie und Bildung sind der Humus, und Kooperation statt Kampf ist das beste *Wachstumsmittel*.

In den letzten Jahren hat die sozialanthropologische Forschung ein Menschenbild gezeichnet, das sich immer deutlicher von dem des *Homo oeconomicus* abgrenzt. Immer klarer wird das Bild einer Gemeinschaft von Menschen, die in einzigartiger Weise dazu fähig sind, kooperativ zu denken und zu handeln, Vorstellungen und Absichten in einfühlender Weise miteinander zu teilen.[7]

Die Reduktion des Menschlichen auf ökonomische Kategorien begann mit der unglücklichen Liaison von Kapitalismus und Darwinismus. Bis heute dauert dieser Reduktionsprozess an und hat sich in Theorien, die auf das menschliche Selbstverständnis aufbauen, verhängnisvoll ausgebreitet: in der Wirtschaftswissenschaft explizit mit dem *Homo oeconomicus* und implizit auch in der Erziehungswissenschaft, wenn Menschen darin als »geschlossene Systeme« verstanden werden.

---

7 Vgl.: Sowa, Hubert: *Gemeinsames Vorstellen, Theorie und Didaktik der kooperativen Vorstellungsbildung* (Kopaed Verlag: München, 2015), S. 9

Organisationsprinzipien für gesellschaftliche Strukturen und Institutionen werden nach diesem Selbstverständnis ausgerichtet. Und so wurde im eigentlichen »Friedensprojekt Europa« auch die Konkurrenz zum Leitmotiv für Entwicklung. Mit der Lissabon-Strategie sollte Europa »zum wettbewerbsfähigsten und dynamischsten wissensbasierten Wirtschaftsraum der Welt« werden. In der »Strategie Europa 2020« wurde diese – unter dem Eindruck der Finanz- und Wirtschaftskrise seit 2008 – sprachlich zwar abgeschwächt, die Grundausrichtung der einzelnen Projekte blieb jedoch auf ökonomisches Wachstum fokussiert, aus dem sich soziale Effekte ergeben sollen. Wen wundert's, wenn Europa dann aus individueller Perspektive nur an wirtschaftlichen Kennziffern und nicht an Lebensqualitätsgewinn gemessen wird, der durch mehr menschliche Kooperation entstehen würde.

Ein Gemeinschaftsprojekt mit dem Versprechen von persönlichem, finanziellem Gewinn zu bewerben ist ein Widerspruch. So verwundert es auch nicht, dass eigentlich niemand der 500 Millionen EU-Bürger die Verleihung des Friedensnobelpreises auf rauschenden Festen feierte, sondern eher rabiate »Wutbürger« Krach machen, die weder Politikern noch Medien vertrauen, wenn ihr erarbeiteter, zarter Wohlstand gefährdet scheint und wenige andere unermesslichen Reichtum aufhäufen. Die Reichen wiederum, »die außerdem die Betätigung der Vielen weitgehend, wenn nicht geradezu ausschließlich beherrschen«, wie schon John Dewey 1916 in *Demokratie und Bildung* schrieb, würden ebenfalls aus der Allgemeinheit und Gleichheit der sozialen Interessen ausgeschlossen. »Sie versuchen, einen Ausgleich herzustellen für ihre Absonderung von den anderen, indem sie ihre Macht, ihren Besitz und ihren Lebensgenuss zur Schau stellen«.

Vom Humankapital zum Humanpotential

Das Unbehagen in der heutigen Kultur liegt auch darin begründet, dass sich immer mehr Menschen der Verschwendung des eigenen Humanpotentials in unserer Gemeinschaft bewusst werden. Wir spüren, dass wir mehr und anders sein können, als das, worauf uns ein sozialdarwinistischer, kapitalistischer, neoliberaler oder digitaler Zeitgeist mitunter reduziert. Unser Selbstbild ist also in Schieflage. Doch dieses Selbstbild ist notwendige Grundlage dafür, die Probleme zu lösen, mit denen wir konfrontiert werden.

Schon für Aristoteles gehörten die Geselligkeit, die Sprache und die Kommunikation zur Natur des Menschen. Kommunikation ist ein wesentlicher Teil unserer Interaktion und damit auch Teil der Qualität eines gemeinschaftlichen guten Lebens. Begriffe und die Sprachpraxis bestimmen unser Denken und Handeln. Der österreichische Philosoph Ludwig Wittgenstein schrieb, die Grenzen unserer Sprache bedeuteten die Grenzen unserer Welt. Wir handeln also auch nur in einer durch unser Selbstverständnis definierten Welt. Wenn wir uns auf einen *Homo oeconomicus* reduzieren (zum Beispiel »unterm Strich zähl ich«) und Wirtschaft auf einen Kampfplatz ums Überleben, dann verwundert es nicht, dass ein *soziales Gemeinwesen* unterentwickelt bleibt. Die Gesellschaft kann der – auf Zwischenmenschlichkeit gründenden – Sozialität und Kooperation des Menschen nicht gerecht werden, weil diesen Eigenschaften in der heutigen Ökonomie kein produktiver Wert zugesprochen wird. Ja, oft wird Kooperation aufgrund von wirtschaftlichen Partikularinteressen sogar bewusst verhindert. Wirtschaftliche Konkurrenz wird so zu einer Barriere für notwendige technologische und soziale Innovationen.

Die IG Metall hat jüngst gezeigt, dass man die Anerkennung der so wichtigen Pflege-, Betreuungs- und Erziehungszeiten – ohne die Kapitalismus nicht funktionieren würde, weil viele ohne diese unbezahlte Care-Arbeit gar nicht in der Lage wären, tagtäglich im »großen kapitalistischen Hamsterrad weiterzustrampeln«, wie César Rendueles (2015) schreibt – erstreiten kann. Zwischenmenschlichkeit und Füreinanderdasein sind also nicht nur denkbar, sie sind auch erreichbar. Wenn wir unser Selbstverständnis auch an den Gefühlen und Bedürfnissen der Menschen ausrichten, wird solidarisches und kooperatives Handeln sichtbar werden, das auch heute schon tagtäglich gelingt.

Wittgenstein schrieb: »Die für uns wichtigsten Aspekte der Dinge sind durch ihre Einfachheit und Alltäglichkeit verborgen. Man kann es nicht bemerken, weil man es immer vor Augen hat«. Wenn wir unsere Neugier und unsere Blicke auf das alltägliche zwischenmenschliche, oft schon in kleinen Gesten sich zeigende gelingende Leben richten, erkennen wir vielleicht eine etwas andere Welt. Das kann uns ermutigen, gemeinsam unsere Seh-, Denk-, Empfindungs- und Verhaltensgewohnheiten so zu ändern, dass sich unsere kooperative Natur wieder entfalten kann. Gerade bei solch großen Projekten wie dem europäischen Einigungsprozess ist es wichtig, dass wir die Bezüge zu unseren alltäglichen und gewöhnlichen Bedürfnissen sehen und formulieren, sonst wird Europa immer als ein Projekt der Interessen anderer gesehen werden.

Die natürlichen Quellen eines sozialen Gemeinwesens

Wir sind nicht allein. Das ist die erste Erfahrung, die Menschen machen, wenn sie zur Welt kommen. Die Mutter nimmt das Neugeborene in den Arm, küsst es und sagt damit: »Ich weiß, die Welt ist kalt, kratzig, unangenehm und dir noch unvertraut, aber schön, dass du da bist. Hab keine Angst! Wir helfen dir durch alle Schwierigkeiten. Ganz egal, was noch alles kommen mag, du wirst nie alleine sein.« Diese »pädagogische Ur-Szene« ist eine wichtige Grundlage für komplexe Beziehungen und soziale Interaktionen in der Erwachsenenwelt. Ein Kind wird geboren mit dem Bedürfnis nach einem anderen und der Neigung, Kontakt aufzunehmen. Der Mensch ist nach Rousseau dazu »geschaffen, gesellig zu werden«.

Natürlich kann das Neugeborene nicht überleben, wenn es nicht von der Mutter gestillt wird, aber diese biologische Abhängigkeit hat oft das zwischenmenschliche Bindungsbedürfnis verdeckt.

In den ersten Blicken füreinander ist das »In-einer-Beziehung-zueinander-Stehen« von Menschen begründet, weil die Augen des Kindes, wenn sie in den Augen des anderen ihr Gegenüber finden, nicht auf etwas Artfremdes oder einen Gegenstand stoßen. Dieser Gegenblick bewirkt, dass der Blick des Kindes geteilte Gegenwart bildet.[8] Dass Menschen einander erblicken, ist daher für die menschliche Entwicklung von großer Bedeutung. In allen Bildungsprozessen – bei denen sich immer auch »Menschlichkeit« weiterentwickeln sollte – müssen sich deshalb Menschen in die Augen schauen können.

So argumentiert der Anthropologe und Verhaltensforscher Michael Tomasello:[9] Artefakte und soziale Institutionen, die Arbeits- und Lebenswelt, die uns tagtäglich umgibt und uns Halt, Orientierung und Sicherheit vermittelt, wären ohne die Fähigkeit, sich in den anderen hineinzuversetzen und die Motivation der Menschen zur Kooperation überhaupt nicht möglich. Tomasello weist anhand des Verstehens von Blicken und Gesten nach, dass Kooperation für menschliche Kultur grundlegend ist: Dass zum Beispiel ein anderer Mensch mit dem ausgestreckten Finger unsere Aufmerksamkeit auf etwas lenken – und nicht etwa seinen Finger präsentieren will – setzt voraus, dass wir uns automatisch in das, was dieser andere Mensch will, hineinversetzen können. Dass darauf die kulturelle Entwicklung beruht, zeigt sich darin, dass die meisten Tiere diese Geste nicht verstehen. Sie werden nur interessiert unseren Finger beschnüffeln und beäugen.

---

8   Pape, Helmut: »Geteilte Gegenwart, das Gelingen des Lebens und die stille Kraft des Positiven«, in: *Der blaue Reiter. Journal für Philosophie* 39 (Der blaue Reiter Verlag: Hannover, 2016), S. 11–15.

9   Vgl.: Tomasello, Michael: *Die Ursprünge menschlicher Kommunikation* (2009), *Warum wir kooperieren* (2010), *Eine Naturgeschichte des menschlichen Denkens* (2014), alle bei Suhrkamp: Frankfurt/Main / Berlin.

In neueren Studien hat Michael Tomasello die qualitativen Aspekte menschlicher Kooperation herausgearbeitet, die in der Praxis das kooperative Verfolgen von Absichten und Zielen ermöglichen. Sie zeigen sich in den speziell menschlichen und sozialen Verhaltensweisen des Helfens, des Informierens, des Teilens von Sachen und Zeit, des Zuhörens, der gegenseitigen Aufmerksamkeit und der geteilten Intentionalität. Und natürlich – so wollen wir Tomasello ergänzen – gehören auch die Sorge um andere, das Brauchen menschlicher Gegenwart, das Befreunden und Befeinden zu den sozialen Verhaltensweisen. Lebensteiliger Austausch, der einem echten Dialog zugrunde liegt, öffnet Menschen nicht nur füreinander, sondern auch für die verschiedensten Zugänge zu Gegenständen, Ereignissen und Lebensformen.

Diese sind Formen menschlichen Miteinanders, die wir alltäglich mehr oder weniger unbewusst erleben, die wir in der Kindheit erlernen und die im Erwachsenenalter so fest zu unserem »Eingemachten« gehören, dass wir sie gar nicht mehr wahrnehmen. Leicht kann demnach übersehen werden, welch kreatives Potential für gesellschaftliche Veränderung in den eben beschriebenen zwischenmenschlichen Aspekten der Kooperation liegt und welche soziale Innovationskraft darin angelegt ist.

Alle, denen an einer solidarischen, friedlichen und menschenfreundlichen gesellschaftlichen Entwicklung gelegen ist, sollten deshalb dort, wo ihre Wirkungskreise sind, fragen: Können wir diese Eigenschaften in unserem Alltag entfalten? Können wir bei unserer alltäglichen Arbeit so sein, wie wir eigentlich sind? Können wir unsere menschlichen Eigenschaften in den Schulen, Ausbildungszentren, Universitäten und anderen Bildungsräumen zur Geltung bringen? Sind diese Eigenschaften auch Grundlage und Leitprinzip für unternehmerische und politische Entscheidungen und die entsprechenden Projekte?

Für ein soziales, friedliches und demokratisches Europa, in dem eine kooperative und ökologisch nachhaltige Wirtschaftsform greifbar nahe ist, sind folgende menschliche Eigenschaften sehr wichtig. Wir müssen ihnen beim gemeinsamen Gestalten eines neuen Europas besondere Aufmerksamkeit schenken und ihre Entfaltung im Alltag fordern und fördern. Mithilfe unserer Fantasie können wir uns Dinge vorstellen und besitzen die Fähigkeit, unsere Aufmerksamkeit auf ein gemeinsames Ziel zu richten und gemeinsame Absichten zu verfolgen. Wir können uns in andere hineinversetzen, um sowohl andere als auch uns selbst besser zu verstehen. Wir entwickeln unsere Persönlichkeit und Individualität immer gemeinsam mit und in Auseinandersetzung mit dem Kollektiv, zu dem wir gehören. Wir helfen und informieren uns gegenseitig und teilen Dinge, Zeit und Aufmerksamkeit. Wir lernen miteinander, füreinander und durch Konflikte auch voneinander. Wir können nur mit anderen lernen, Vertrauen zu entwickeln und Verantwortung zu übernehmen. Wir können uns mit anderen von Ängsten befreien und Mut entwickeln. Wir können gemeinsam trauern, miteinander lachen und uns zusammen freuen.

Soziale Grundlagen eines neuen Europaverständnisses

Wer könnte dieser andere sein, der uns hilft, unser Selbstverständnis zu ändern und ein entsprechendes Bildungsverständnis zu etablieren? Der uns hilft, Europa zu einem *gemeinsamen* Projekt werden zu lassen, bei dem es um Frieden, gute und im weiten Sinne sozial-förderliche Arbeit und gerechte und demokratische Verhältnisse geht? Der uns hilft, begriffliche und gedankliche Grenzüberschreitungen zu wagen?

In der Reblauskrise hatte ein Revolutionär aus dem nordamerikanischen Exil den entscheidenden Einfall. Revolutionäre Denker gibt es heute nicht nur im hippen und innovativen Silicon Valley. Auch aus dem konservativen Vatikan kommen neue Gestaltungsideen. Papst Franziskus gab in seiner Ansprache an die Abgeordneten des Europäischen Parlaments im November 2014 interessante und beachtenswerte Impulse zur Gestaltung Europas.[10] Nach Franziskus gibt es heute die Tendenz zu einem immer weiterreichenden Individualismus, hinter dem sich ein aus jedem sozialen und anthropologischen Zusammenhang herausgelöstes Bild des Menschen verbirgt, der gleichsam als »Monade« zunehmend unsensibel wird für die anderen »Monaden« in seiner Umgebung. Das führe zur besonderen Einsamkeit derer, die keine Bindungen haben: alter Menschen, die ihrem Schicksal überlassen sind, Jugendlicher, die keine Bezugspunkte und keine Zukunftschancen haben. Diese Einsamkeit werde auch sichtbar in dem verlorenen Blick der Migranten, die auf der Suche nach einer besseren Zukunft zu uns kommen. Franziskus bedauere, dass heute technische und wirtschaftliche Fragen im Mittelpunkt der politischen Debatte stünden, auf Kosten einer authentischen anthropologischen Orientierung. Eine Wiederentdeckung des humanistischen Geistes könne diese Debatten neu beleben. Zudem machte der Papst die bemerkenswerte Aussage, Arbeit sei ein zentraler Aspekt zur Erlangung menschlicher Würde.

Weil Humanismus und Arbeit ohne Bildung nicht zusammenkommen, möchte ich diese drei Felder zusammendenken.

Menschliche Arbeit und Bildung in Europa

Mit Raffaels Fresko »Die Schule von Athen« verweist Franziskus auf die theoretischen und praktischen Quellen unseres heutigen Europas. Er fordert uns auf, Himmel und Erde, Theorie und Praxis, Wissenschaft und Wirtschaft, das Denken mit dem Handeln zusammenzubringen und betont dabei explizit das Wirtschaftshandeln und die Rolle der Arbeit.

Marx und Engels war schon vor Michael Tomasellos Studien klar, dass

---

10 Nachzulesen auf: http://www.katholisches.info/2014/11/25/rede-von-papst-franziskus-an-das-europaeische-parlament/ (abgerufen am 26.04.2018).

die Arbeit einen großen Anteil an der Menschwerdung des Affen hatte. Aber Tomasello hat vor allem herausgearbeitet, dass der Zusammenhang von Arbeit, Kooperationsfähigkeit und fürsorglicher Mitmenschlichkeit nicht nur ein moralischer Anspruch ist, sondern eine Eigenschaft der menschlichen Spezies, die den Menschen und seine Kultur wechselseitig hervorgebracht hat. Die kulturelle Entwicklung hat seit der Sesshaftwerdung des Menschen vor ca. 12.000 Jahren rasante Fortschritte gemacht, die Tomasello als kulturellen Wagenhebereffekt bezeichnet. Denn von der Steckrübe bis zur Mona Lisa, vom Nützlichen über das Angenehme bis zum Schönen waren immer menschliche Arbeit und Bildung im Spiel. Wirtschaft, Gesellschaft, Demokratie, Sozialstaat – all das ist durch gemeinsames Vorstellen, Kommunizieren, Interpretieren und schließlich durch absichtsvolles Handeln entstanden.

Verstehen wir Arbeit als einen *Humanbegriff,* so lässt sich die Anthropogenese als ein wechselseitiger Prozess der Hervorbringung von Arbeit und Mensch beschreiben, bei dem das »Miteinander-, Voneinander- und Füreinanderlernen« das entscheidende Mittel für Fortschritt war. Schon der Faustkeil blieb kein ›Geheimwerkzeug‹ Einzelner, und wir können uns gut eine abendliche Szene am Lagerfeuer diverser Frühmenschen vorstellen, bei der das Wissen und der Umgang damit an Jüngere weitergegeben wurden. Vieles, was auch heute wichtig ist, ist in dieser Szene bereits vorhanden: geteilte Aufmerksamkeit, Neugier, Erfindung, Innovation, von einem anderen lernen, Kommunikation und Sprache, Arbeit und die geteilte Freude über Lern- und Arbeitserfolge.[11] Erst im sogenannten Vulgärmaterialismus wurde Arbeit zum *bloßen Schaffen.* Arbeit ist jedoch die Grundlage für individuelle und zugleich kollektive Selbstverständnisse. Es gibt kaum eine stärkere Kraft der gesellschaftlichen Integration, als Arbeit und der Weg dorthin über Bildung und Ausbildung.

Was Europa heute dringend braucht, ist eine gemeinsame Diskussion

---

11 Vgl.: Gamble, Clive / Gowlett, John / Dunbar, Robin: *Evolution, Denken, Kultur – Das soziale Gehirn und die Entstehung des Menschlichen* (Springer Verlag: Berlin, 2015)

darüber, was Bildung, Ausbildung, Arbeit und wirtschaftliches Handeln für uns bedeuten. Wir brauchen einen europaweiten Polylog über gute und anständige Arbeit. Wenn wir Arbeit als *Conditio humana* betrachten, geht es immer auch um ein gutes Leben. Ein erweiterter, auf Kooperation beruhender Arbeitsbegriff kann eine Neubestimmung und eine menschlichere Bewertung von Gesellschaft, Wirtschaft, Arbeit und Bildung sowie neue Formen zwischenmenschlicher Ethik befördern.

Am Beispiel der Jugendarbeitslosigkeit in Europa wird klar, warum wir ethische Beurteilungskriterien für Bildung, Ausbildung und Arbeit brauchen. Auch wenn die Situation heute etwas besser ist als vor fünf Jahren, als sich die Europakrise wirtschaftlich zuspitzte, sind immer noch fast fünf Millionen junge Menschen (unter 25 Jahren) in den EU-Mitgliedsstaaten arbeitslos. Das entspricht einer Arbeitslosenquote von fast zwanzig Prozent. Sind Bildung, Ausbildung und Arbeit Grundlage menschlicher Würde, können diese Jugendlichen nicht als Einzelschicksale betrachtet werden. Ihnen wird die Chance genommen, an der Entwicklung des *menschlichen Menschen* und einer entsprechend menschlichen Arbeits- und Lebenswelt teilzunehmen und ein gutes Leben für alle mitzugestalten. Die meisten Menschen wollen mit ihren sozialen Eigenschaften gebraucht werden und freuen sich über damit verbundene Anerkennung und Wertschätzung. Bindungsbedürfnisse stehen am Anfang von Gemeinsinn und Gemeinwesen. Wenn Gewalt auch eine Folge gescheiterter Biografien ist, so darf ihr Zusammenhang mit den strukturellen Ursachen des Scheiterns – wie beispielsweise der Jugendarbeitslosigkeit in Europa – nicht übersehen werden. Eine Bildungs-, Arbeits- und Wirtschaftspolitik in Europa, die menschliche Bedürfnisse und Eigenschaften produktiv zusammenführt, wäre eine konsequente Fortsetzung der Gründungsidee, die Frieden und Wirtschaft bereits zusammendachte.

Arbeit kann auf vielfältige Weise sinnstiftend sein, die Bedürfnisse, Zwecke und Ziele und der zwischenmenschliche Umgang sind dabei maßgeblich. Ein gutes Beispiel sind alternative und gemeinschaftliche

Wohnprojekte in Europa. Dort kommen unterschiedliche Menschen mit dem Wunsch zusammen, mit anderen zu leben. Nähe und Distanz werden ebenso respektiert, wie gegenseitige Unterstützung selbstverständlich ist. Viele dieser Projekte erhalten und erneuern so baufällig gewordene Gebäude und bringen mitunter ökologische Innovationen hervor. Es ist nicht utopisch, dass kreative Jungarchitekten mit Migrantinnen und Arbeitslosen zusammenarbeiten und einen gemeinsamen Ort erschaffen. Es gibt bereits auch viele gute Beispiele alternativer Wirtschaftsweisen, die für traditionelle Unternehmen inspirierend sein und ihren Bestand unter veränderten Bedingungen sichern können.[12] Warum also – angesichts aktueller Herausforderungen – nicht etwas Größeres denken: Wie wäre es mit ökologisch und sozial nachhaltigen Re-Industrialisierungsprojekten in Europa? Die letzte Finanzkrise hat gezeigt, dass eine starke industrielle Basis Werte schafft, die Volkswirtschaften stützen und wohlfahrtsstaatlichen Ausbau voranbringen können. Wir haben heute die sozialen, technologischen und politischen Möglichkeiten, eine ökologisch sinnvolle Re-Industrialisierung gemeinsam zu planen und umzusetzen. Die Herausforderungen liegen auf dem Tisch: Energiewende, Klimawandel, Mobilität, Digitalisierung, Migration. Das Wissen, die Konzepte und die Fähigkeiten sind vorhanden, um diese Themen in europäischen Projekten gemeinsam zu planen und umzusetzen.

Wird den Menschen ermöglicht, sich interaktiv auf ein sinnstiftendes Ziel einzulassen, würde sich die Lebensqualität in dem Maße verbessern, in dem die Wirtschaft menschlicher wird. Geflüchtete könnten dabei ebenso teilhaben wie Arbeitslose, prekär Beschäftigte und die verunsicherte Mittelschicht. Ein humanitäres Projekt ist besser als ein Appell.[13] Denn nur durch die Praxis können wir gemeinsam wertvolle Erfahrungen

---

12 Eine Sammlung findet sich auf: https://futurzwei.org/ (abgerufen am 26.04.2018).
13 Vgl.: Pfaller, Robert: »Wie lässt sich Neid auf Flüchtlinge vermeiden?«, in: *Philosophie Magazin* 2/2016 (Philomagazinverlag: Berlin), S. 65.

sammeln, die uns zusammenführen. Wenn alle gleichberechtigt partizipieren, wird ein vermeintliches Glück der einen nicht mehr auf Kosten anderer gewonnen.

Für ein solches Projekt benötigen wir die Vielfalt in Europa, denn sie schafft die besten Voraussetzungen für Austausch.

— Hilfsorganisationen für Geflüchtete können mit Ausbildungs- und Weiterbildungszentren und Universitäten zusammenarbeiten.
— Lehrerinnen und Lehrer können andere für ihre Interessen begeistern. Kinder und Jugendliche zeigen ihre kreativen Ideen und Gestaltungsfreude ebenso wie die ältere Generation, die aus eigener Erfahrung den Wunsch nach einem friedlichen und sozialen Miteinander bis heute und jeden Tag aufs Neue in unsere sich transnational entwickelnden Gesellschaften trägt.
— Investitionsfreudige Arbeitgeber und ihre Unternehmen, samt ihren Verbänden, können, ebenso wie Gewerkschaften, dafür sorgen und auch streiten, wirtschaftliche Aktivitäten auf ein gesellschaftliches Gemeinwesen auszurichten.
— Wissenschaftlerinnen und Forscher schaffen die Grundlagen für ökologische und sozial nachhaltige technologische Entwicklungen und erweitern damit den Innovationsbegriff.
— Ingenieurinnen und Ingenieure, Arbeiterinnen und Arbeiter nutzen ihre multinationalen Arbeitskontexte für diese übergeordnete Sinnstiftung und Zielsetzung und bringen so dringend benötigte technologische Innovationen hervor.
— Vielfältige Organisationen mit sozial Engagierten setzen neue Ideen im Alltag der europäischen und globalen Lebens- und Arbeitswelt um.
— Schließlich formen »Kulturschaffende« wie Künstler, Musikerinnen und Schriftsteller eine unterstützende grenzübergreifende Kultur und

tragen dazu bei, vielfältige Ausdrucksformen dessen zu entwickeln, was uns wichtig ist.

Sinn entsteht dort, wo sich die Menschen als Teil einer handelnden Gemeinschaft wahrnehmen. Die Qualität dieses gemeinsamen Handelns lässt sich auch an ihren Zielen erkennen, die immer dazu beitragen sollten, humanes Verhalten zu ermöglichen. So kann auch ein großes Projekt wie »Europa« zu einem Projekt werden, bei dem die sozialen Eigenschaften für ihre weitere Entfaltung genutzt werden. In diesem zwischenmenschlichen und praktischen Prozess der Neudeutung von Bildung, Arbeit und Wirtschaft entsteht individueller Sinn, der immer auf Gemeinsinn verweist. Deshalb möchte ich zum Schluss den Weg vom Gemeinsinn zu einem sozialen Gemeinwesen beschreiben und schließlich eine neue Perspektive auf Demokratie entwickeln, derer Europa dringend bedarf.

Gemeinsinn, Gemeinwesen und Demokratie in Europa

Der englische »common sense« meint sowohl »Gemeinsinn« als auch »gesunder Menschenverstand«. Bei Letzterem klingt ebenso moralisches Urteilen, solidarische Gesinnung und gar ethisches Handeln mit an. Die wörtliche deutsche Übersetzung, »Gemeinsinn«, hat mindestens drei Bedeutungen, die aber auf verblüffende Weise zusammenhängen.

Erstens bezeichnet *Gemeinsinn* nach Aristoteles *(koiné aisthesis)* die sinnliche Wahrnehmung in ihrer Gesamtheit: Unsere fünf Sinne erzeugen in ihrem Zusammenspiel ein Mehr an Wahrnehmung, das die einzelnen sinnlichen Qualitäten übersteigt. Zweitens bedeutet *Gemeinsinn* auch Gemeinwohlorientierung. Wir setzen manchmal Menschen, denen wir einen *Gemeinsinn* nachsagen, auch mit *sozial aufmerksamen Menschen* gleich. In der neueren Kunstpädagogik wurde eine dritte Bedeutung eingeführt, die *Gemeinsinn* als gattungsgeschichtliche Herausbildung gemeinsamer Wahrnehmungs-, Vorstellungs-, Denk- und Handlungsweisen beschreibt. Diese können nur im Miteinander entstehen und sind in mehrfacher Hinsicht auf *Gemeinsinn* ausgerichtet. Kunst kann beispielsweise menschliche Erfahrung repräsentieren und so zur Interpretation anregen. Die gemeinsame Interpretationsleistung von Erfahrungen – die auch in Bildungs- und Arbeitsprozessen immer wieder erbracht wird – wird zur miteinander geteilten Vorstellung bestimmter Dinge und Sachverhalte. Diese Bedeutung von *Gemeinsinn* nimmt die beiden erstgenannten Bedeutungen mit auf und verdeutlicht, dass gemeinsame Vorstellungen davon abhängen, unter welchen Bedingungen und Zielsetzungen die Interpretierenden zusammenkommen.

Wollen wir in praktischer Absicht über das »Gemeinwesen Europa« transnational nachdenken, um diesem Projekt einen gemeinsamen Sinn abzuringen, so basiert dieser Austausch auf der Grundlage von persönlichen und kollektiven Erfahrungen, Prinzipien und Werten, die den bewussten und unbewussten Ausgangspunkt unseres Denkens und Handelns bilden. Diese Vielfalt menschlicher Kultur bietet unendlich viele Möglichkeiten des Kontakts und einen reichen Schatz an Erfahrungen. Menschen können in Europa in Freiheit zusammenkommen und Vielfältiges initiieren.

Diesen konkreten menschlichen *Anfängen* täglichen Handelns »wohnt ein Zauber inne«, der uns – wie Hermann Hesse dichtete – »beschützt und der uns hilft, zu leben«. In unserem Fall heißt der Zauber *Demokratie* und ist als solcher weit mehr als nur eine Regierungsform. Er ist ein Ermöglichungsraum des Werdens von Neuem, ein Prozess des Sich-Entwickelns ohne nach Vollendung zu streben. Werte und Prinzipien sind darin nichts Fesselndes und Einengendes, sondern geben uns Orientierung bei gemeinsamen Aufbrüchen und Problemlösungsprozessen. Demokratie strebt nicht nach Begrenzung, Abschluss und Ende, sondern nach Abbau von Grenzen, Barrieren und Hemmnissen des Zusammenkommens und der Verständigung. Genauso, wie die Grenzen von Staaten kontingent sind, werden Ziele und Zwecke menschlichen Zusammenlebens experimentell und dynamisch bestimmt. Gemeinsinn und Gemeinwesen sind die bleibenden Errungenschaften. Dafür braucht es eine freie und offene Lebensform, die Respekt und Anerkennung füreinander und für alle fördert.

Dieses europäische Gemeinwesen hat sich bereits gut entwickelt. Mutig sollten wir den Weg weitergehen. In der Praxis heißt das zum Beispiel demokratische Bildung und Mitbestimmung in Lernprozessen und bei der täglichen Arbeit. Das heißt, dass wir Räume schaffen und öffentliche Plätze nutzen, wo wir über die Verbesserungen der menschlichen Angelegenheiten reden können. Wo wir uns in gemeinsamen Interpretationsprozessen über unsere Vorstellungen von Europa austauschen können. *Pulse Of Europe* hat gezeigt, dass es möglich ist, Europa zu einem öffentlichen Thema zu machen. Alle sollen und müssen mitdenken, mitreden und mitmachen können. Auch und besonders diejenigen, die durch »Hartz IV« ins Private verdammt wurden.

Dogmatisch denkende und extremistisch handelnde Gruppierungen werden nur dort bleiben, wo lebendige Interaktion und Reflexionsprozesse abgebrochen werden. Konflikten, die dabei sicher entstehen, müssen wir uns mutig stellen. Auseinandersetzung mit anderen ist meistens dann besonders wirkungsvoll und hilfreich, wenn sie auch vor Anstrengung, Leid und harten Konflikten nicht zurückscheut. Zwischenmenschliche und soziale Beziehungen können lebensbestimmend werden, wenn in ihnen Dialog, gleichberechtigte Teilhabe, Beteiligung und Mitbestimmung vollziehbar sind. Deshalb ist die Mitbestimmung möglichst aller, besonders in den gesellschaftlichen Bereichen der Bildung und der Arbeitswelt, das beste Mittel für eine menschlichen Entwicklung.

Mutig schützen, was wir lieben

Das Bemühen, dieser Lebensform einen Raum zu geben, begann in Europa mit der griechischen Polis und der öffentlichen Agora. Neben dem Marktplatz, auf dem man sich mit den notwendigen Nahrungsmitteln und anderen nützlichen und schönen Dingen versorgen konnte, war die Polis ein Ort der öffentlichen und philosophischen Diskussion – mit dem Ziel persönlicher und gesellschaftlicher Reife. Wirtschaftliche Aktivität und politisches Denken, Urteilen und Handeln wurden in der Agora zu Aspekten eines bewusst angelegten Bildungsprozesses. Wirtschaft, Politik und Gemeinwesen waren untrennbar miteinander verbunden. Kinder, Frauen und Sklaven waren davon ausgeschlossen, dennoch war die Agora der erste europäische Ort öffentlichen Austauschs und Verhandelns von Interessen und dient als kleines Anschauungsmodell derjenigen Zusammenhänge, die im heutigen Europa aus dem Blick geraten sind.

Betrachten wir die Herausforderungen der Gegenwart wie Klimawandel, Migrationsbewegungen, Digitalisierung der Arbeits- und Lebenswelt und anti-demokratische Bewegungen, mit denen wir in Europa und weltweit konfrontieren sind, so sind soziale Innovationen gefragt, die von den gegenwärtig Handelnden lebensteilig getragen werden. Doch allein haben wir nur eingeschränkte innovative Möglichkeiten. Wenn diese für uns gegenwärtigen Themen und darauf bezogene Handlungen sozial, demokratisch und ökonomisch wie ökologisch nachhaltig sein sollen, ist kooperative Kreativität genauso wichtig wie gemeinsame Fantasie. Die Orte, an denen ein soziales und demokratisches Europa entsteht, sind deshalb in, aber gerade auch außerhalb von Brüssel zu finden. Sie entstehen an Orten der gemeinsamen Bildung, die wir im Kleinen und Großen in Europa schaffen.

Wenn dadurch Zusammenarbeiten und Zusammenleben wiederholt gelingen, entsteht eine europäische Demokratie, die in der Tat vorbildlich ist – und die es wert ist, sie zu verteidigen.

Die Menschen Europas können sich – wenn sie es wollen – ein gemeinsam definiertes Ziel geben. Die sozialen und demokratischen Eigenschaften und Fähigkeiten, die sie in ihrem Umfeld als Mutter und Sohn, Schüler und Lehrerin, Bauer und Arzt, Waliser, Bayerin und Bretone erwerben, können sie als Europäerinnen und Europäer nutzen, um sich und ihrer Gemeinschaft einen gemeinsamen Ort zu erschaffen.

Weiterführende Literatur

Breser, Britta: *Politische Bildung neu denken, Europa braucht transnationale Demokratie-Kompetenzen* (Wien 2017, ISSN 2305-2635).

Brock, Adolf / Jochen, Dressel / Herrmann, Christina / Wienen, Wilfried und Zeuner, Christine: *Politische Partizipation durch gesellschaftliche Kompetenz*, hrsg. v. d. Europäischen Kommission, Generaldirektion Bildung und Kultur (2015).

Butterwegge, Christoph: »›Armutsimport‹: Wer betrügt hier wen?«, in: *Blätter für deutsche und internationale Politik* 2/2014 (Blätter-Gesellschaft, Bonn), S. 5–8.

Comenius, Johann Amos: *Pampaedia, Allerziehung*, in deutscher Übersetzung hrsg. v. Klaus Schaller (Academia Verlag: Sankt Augustin, 1991).

Damasio, Antonio: *Im Anfang war das Gefühl. Der Biologische Ursprung menschlicher Kultur* (Siedler: München, 2017).

Dewey, John: *Democracy and Education* (The Free Press: New York, 1916).

DUDEN: *Wörterbuch der New Economy* (Dudenverlag: Mannheim, 2001).

Gamble, Clive / Gowlett, John / Dunbar, Robin: *Evolution, Denken, Kultur – Das soziale Gehirn und die Entstehung des Menschlichen* (Springer Verlag: Berlin, 2015).

Gamm, Hans-Jochen: »Über die Differenz subjektiver und objektiver Geschichte. Zur Arbeitsweise materialistischer Pädagogik«, in: Röhrs, H. (Hrsg.): *Die Erziehungswissenschaft und die Pluralität ihrer Konzepte* (Akademische Verlagsgesellschaft: Wiesbaden, 1979), S. 53–64.

Ders.: *Standhalten im Dasein, Friedrich Nietzsches Botschaft für die Gegenwart* (List: München, 1993).

Ders.: *Deutsche Identität in Europa* (Waxmann: Münster, 2001).

Ders.: *Lernen mit Comenius, Rückrufe aus den geschichtlichen Anfängen europäischer Pädagogik* (Peter Lang: Frankfurt/Main, 2008).

Guérot, Ulrike: *Warum Europa eine Republik werden muss! Eine politische Utopie* (Dietz: Bonn, 2016).

Dies.: *Der neue Bürgerkrieg. Das offene Europa und seine Feinde* (Berlin: Ullstein, 2017).

IG Metall: SOPOINFO, Nr. 23, *Zuwanderung aus Rumänien und Bulgarien: Fakten statt Propaganda* (Januar 2014).

Kehrbaum, Tom: *Innovation als sozialer Prozess. Die Grounded Theory als Methodologie und Praxis der Innovationsforschung* (VS Verlag: Research Wiesbaden, 2009).

Ders.: »Hier bin ich Mensch, hier darf ich's sein! – Ehrenamt als Gemeinwesenarbeit ist Arbeit mit, für und am Menschen«, in: *Zeitschrift für Sozialmanagement* 2/2014 (Bertuch Verlag: Weimar).

Ders.: »Europa aus der Krise bilden! Grundlagen und Perspektiven notwendiger Weiterentwicklung ›europäischen Lernens‹«, in: Negt, Oskar / Kehrbaum, Tom / Ostolski,

Adam und Zeuner, Christine: *Stimmen für Europa. Ein Buch in sieben Sprachen* (Steidl: Göttingen, 2014), S. 34–55.

Marten, Rainer: *Der menschliche Mensch – Abschied vom utopischen Denken* (Schöningh: Paderborn, 1988).

Marx, Karl / Engels, Friedrich: *Werke, Bd. 20: Dialektik der Natur* (Dietz Verlag: Berlin/ DDR, 1962), S. 444–455.

Mau, Steffen: »Die neue Krankheit«, in: *Süddeutsche Zeitung*, 14. Februar (2014), S. 2.

Negt, Oskar: *Der politische Mensch. Demokratie als Lebensform* (Steidl: Göttingen, 2010).

Pape, Helmut: »Respekt, Anerkennung, Lebensteilung: Moralische und zwischenmenschliche Bedingungen von Lern- und Bildungsprozessen«, hrsg. v. d. Hans Böckler Stiftung (2013), Arbeitspapier 272, Download: http://www.boeckler.de/pdf/p_arbp_272.pdf

Pfaller, Robert: »Wie lässt sich Neid auf Flüchtlinge vermeiden?«, in: *philosophie Magazin* 2/2016 (Philomagazinverlag: Berlin), S. 65.

Rendueles, César: *Soziophobie* (Suhrkamp: Berlin, 2015).

Saimeh, Nahlah: »Über das Böse«, Interview, in: *Süddeutsche Zeitung*, 17./18. Februar (2018), S. 56.

Sowa, Hubert: *Gemeinsames Vorstellen, Theorie und Didaktik der kooperativen Vorstellungsbildung* (Kopaed Verlag: München, 2015).

Todorov, Tzvetan: *Abenteuer des Zusammenlebens. Versuch einer allgemeinen Anthropologie* (Verlag S. Fischer: Frankfurt/Main, 1998).

Tomasello, Michael: *Die Ursprünge menschlicher Kommunikation* (Suhrkamp: Frankfurt/ Main, 2009).

Ders.: *Warum wir kooperieren* (Suhrkamp: Frankfurt/Main, 2010).

Ders.: *Eine Naturgeschichte des menschlichen Denkens* (Suhrkamp: Frankfurt/Main, 2014).

Wittgenstein, Ludwig: *Philosophische Untersuchungen* (Suhrkamp: Frankfurt/Main, 2003).

Internet

Reblauskrise
http://www.sueddeutsche.de/wissen/schaedlinge-lausige-viecher-1.2819494
http://weingeschichte.blogspot.co.at/2014/02/der-schrecken-des-weinbaus-die.html
https://blog.vineshop24.de/2016-04/die-reblaus-mit-dem-dampfschiff-nach-europa/

Papst Franziskus
http://www.katholisches.info/2014/11/25/rede-von-papst-franziskus-an-das-europaeische-parlament/

Jugendarbeitslosigkeit in Europa
http://www.bpb.de/politik/hintergrund-aktuell/225124/jugendarbeitslosigkeit-in-europa

New Economy
http://www.sueddeutsche.de/wirtschaft/die-stars-der-new-economy-gefeiert-gefallen-und-jetzt-1.907015

Alternative Wirtschafts- und Wohnprojekte
https://futurzwei.org/
http://www.bauhauseins.de/de/vision-de/

Europa erfahrbar machen: Öffentlichkeit, Bildung, Beteiligung
Tom Kehrbaum im Gespräch mit Oskar Negt und Emanuel Herold

TOM KEHRBAUM Die *Pulse-of-Europe*-Bewegung hat gezeigt, dass sich viele Menschen für Europa interessieren. Wenn heute jemand die europäische Situation verstehen will, womit muss er sich unbedingt beschäftigen: mit der europäischen Geschichte, der europäischen Politik oder mit dem *Europa der Menschen,* wie es sich im Alltag zeigt?

OSKAR NEGT Du zählst Punkte auf, die für einen guten Dialektiker miteinander verknüpft sind. Platon sagt, wer Zusammenhang sehe, sei ein guter Dialektiker, wer keinen Zusammenhang sehe, ein schlechter Philosoph.[1] – Auf den Zusammenhang zu schauen, halte ich erkenntnismäßig für eine wichtige Linie. Wenn Portugiesen und Esten, deren Länder geografisch sehr weit auseinander liegen, heute weniger miteinander zu tun haben als um 1200, zu Hochzeiten der Hanse, lässt sich vermuten, dass zwischen diesen Menschen heute überhaupt kein intensiver Austausch mehr stattfindet. Das berührt die Frage des Fremden auf einer ganz anderen Ebene, nämlich auf der, dass Europa in der Tat nicht von unten gewachsen ist, sondern durch staats- und völkerrechtliche Vereinbarungen – die natürlich auch wichtig sind. Das war zum Beispiel der

---

1 Vgl. Platon: *Politeia,* hrsg. v. Ottfried Höffe (de Gruyter: Berlin, ²2005).

Grund für meine Kontroverse mit Habermas.[2] Ich habe ihn mehrmals aufgefordert, in seinen Stellungnahmen zu Europa schlicht einmal die Probleme der Arbeitsgesellschaft zu erwähnen. Denn keiner der Staatsrechtler hält es für nötig zu sagen, dass es vielleicht Probleme gibt, die viel tiefer liegen, als man vermutet, zum Beispiel innere Feindschaften. Es ist ja auch nicht so, dass die Abgrenzung von Fremden heute auf Menschen der unmittelbaren Nachbarschaft bezogen ist. Sobald Erfahrungsprozesse stattgefunden haben, werden Fremde eher akzeptiert und integriert. Aber wie kommen sie zusammen? Das geht nur, wenn Erfahrungszusammenhänge hergestellt werden, aber die fehlen im Moment, obwohl es verschiedene Möglichkeiten gibt, sie herzustellen. Wenn die Ungarn und Polen wüssten, dass sich ihr Alltagsleben mit den aktuellen Gesetzesänderungen massiv verändern wird, dann würden sie diese Entwicklungen mit Sicherheit nicht als Freiheitsimpulse gegenüber Europa empfinden. Diese Erfahrungsprozesse müssten angestoßen werden. Auch Lernprozesse unter den europäischen Völkern sind nötig. Denn auch die haben nicht stattgefunden, was eben zur Folge hatte, dass heute für den Esten der Fremde schon beim Litauer anfängt.

KEHRBAUM Wie siehst du das, Emanuel?

EMANUEL HEROLD Ich bin auch der Meinung, dass diese Erfahrungszusammenhänge noch öfter hergestellt werden müssen. Es ist interessant, was auf den öffentlichen Plätzen bei den Kundgebungen von *Pulse of Europe* zur Sprache kommt. Denn eine Idee der Bewegung ist ja, nicht nur etwas vorzutragen, sondern auch, Menschen zu Wort kommen zu lassen. Es gibt beispielsweise bei jeder Veranstaltung in Bremen das offene Mikrophon, und dort sprechen auch ganz unterschiedliche Generationen mit sehr unterschiedlichen Verhältnissen zu Europa und der Frage: Was ist Europa? Inwiefern berührt es mich im Alltag? Oder inwiefern tut es

---

2   Jürgen Habermas: *Zur Verfassung Europas. Ein Essay* (Suhrkamp: Berlin, 2011); Oskar Negt: *Gesellschaftsentwurf Europa. Plädoyer für ein gerechtes Gemeinwesen* (Steidl: Göttingen, 2012).

das überhaupt? Mein Eindruck war, dass es vor allem viele junge Leute sind, bei denen diese Berührung ganz intensiv ist. Sie sagen, für sie stehe Europa in erster Linie für kulturellen Austausch oder Freundschaft. Sie sind mobil, waren in anderen Ländern, haben dorthin Kontakte und überschreiten die Grenzen des nationalen Containers ganz selbstverständlich, denn sie sind damit aufgewachsen. Ich selbst gehöre ja dazu. Ich bin 31 Jahre alt.

NEGT Woher kommst du ursprünglich?

HEROLD Aus Chemnitz.

NEGT Dieses Freiheitsgefühl scheint vor allem bei denjenigen da zu sein, bei denen der Fall der Mauer zu einer Art Bewegungsfreiheit geführt hat.

HEROLD Zugleich hat diese historische Zäsur auch tiefe soziale Veränderungen mit sich gebracht, die bei vielen Menschen ein starkes Gefühl der Unsicherheit hinterlassen. Dennoch hast du für einen Großteil der mittleren Generation natürlich recht, denn hier kommt immer wieder das Stichwort: Reisefreiheit. Die Erinnerung, dass die Grenzkontrollen verschwanden, ist der greifbarste Punkt, an dem Europa im Alltag stattfindet. Diese Evidenz, dass man sich in alle Himmelsrichtungen bewegen kann und dass das ohne Kontrollen funktioniert. Die Jüngeren kennen diese Schranken nicht mehr, aber die Älteren wissen noch, dass es einen Umbruch gab, etwas auf einmal wirklich anders war. Deshalb ist das so ein starker Moment im alltäglichen Erleben, bei dem jetzt auch die Angst groß ist, diese Bewegungsfreiheit zu verlieren, und der Impuls stark, sie zu erhalten. Das ist auch ein Impetus von *Pulse of Europe*: Die Europäische Union hat viele Probleme, zum Beispiel hinsichtlich der Entwicklung des wirtschaftlichen Binnenmarkts, aber eben auch solche historischen Errungenschaften, die bewahrt werden müssen.

Wer außerdem hinzukommt, sind Menschen deiner Generation, Oskar, deren Erfahrung noch viel weiter zurückreicht und die einen ganz anderen Kontext zu dieser Debatte herstellen können. Es ist jedes Mal wieder ein besonderer Moment, wenn jemand nach vorn ans Mikro tritt und über seine Erfahrungen entweder aus der Zeit des Krieges oder der unmittelbaren Nachkriegszeit spricht. Diese Person verbürgt sich also öffentlich mit ihrer eigenen Biografie für dieses Friedensprojekt – ein Begriff, der oftmals so hohl klingt – und dafür, dass es das wirklich ist! Dann wird die Stimmung auf dem Platz auf einmal eine andere, diese Erfahrung wird unmittelbar greifbar.

NEGT Ja, gerade dort mag die Erfahrung meiner Generation beheimatet sein, und in dem Bewusstsein, dass sich so etwas Ähnliches wie die Flüchtlings- und Kriegssituation nicht wiederholen darf. Die Aufarbeitung der Vergangenheit, gerade was das Flüchtlingsdasein betrifft, wird nun eher von den Enkeln bewerkstelligt als von den Söhnen und Töchtern. Das ist auch die eindrücklichste Reaktion auf meine Autobiografie *Überlebensglück*,[3] die Leser ermutigt hat, dieses Friedensprojekt weiter voranzutreiben. Es stimmt für Europa, was Hegel über die Welt gesagt hat, nämlich dass sie nicht das Feld der Verwirklichung von Freiheit sei, sondern das Schlachtfeld eines Kampfes.[4] Als Flüchtling oder Soldat in einem Europa anzukommen, das es so seit 500 Jahren nicht gegeben hat – denn es war ja immer Krieg –, und zu begreifen, dass man etwas dafür tun muss, die Friedensfähigkeit dieses Europas zu erhalten, war eine der ersten Erfahrungen meiner Generation. Es müssen sich ja nicht alle in Europa lieben, aber die Achtung, von der auch Kant spricht, muss gegeben sein.[5]

---

3   Oskar Negt: *Überlebensglück. Eine autobiographische Spurensuche* (Steidl: Göttingen, 2016).

4   Vgl. Georg Wilhelm Friedrich Hegel: *Werke in 20 Bänden mit Registerband, Bd. 12: Vorlesungen über die Philosophie der Geschichte*, hg. v. Eva Moldenhauer (Suhrkamp: Frankfurt/Main, ¹¹2015).

5   Der moralische Begriff der »Achtung« wird ausgeführt in Immanuel Kant: *Werkausgabe in 12 Bänden*, hg. v. Wilhelm Weischedel, Bd. 7: *Kritik der praktischen Vernunft. Grundlegung zur Metaphysik der Sitten* (Suhrkamp: Frankfurt/Main, 2006).

Europa erfahrbar machen

HEROLD Was die Erfahrungszusammenhänge betrifft, braucht es vor allem auch den Austausch *zwischen* Generationen – um Dinge zu erschließen, die sonst im Dunklen bleiben, weil sie mittlerweile selbstverständlich oder sogar vergessen sind. Man merkt jetzt, über siebzig Jahre nach Kriegsende, dass Zeitzeugenschaft in der aktuellen politischen Situation noch einmal politisches Gewicht bekommt. Vielleicht zum letzten Mal. Diese Zeugenschaft ist für die, die sich momentan für Europa starkmachen und ihren Wunsch nach Zusammenarbeit und Zusammenleben artikulieren, äußerst wichtig, weil sie in sich eine Erzählung und eine Geschichte birgt.

KEHRBAUM ... in der die Erfahrungen und Lebensgeschichten der Menschen im Zentrum der Erzählung stehen. Ist es dann nicht eine ermutigende Entwicklung, Oskar, wenn man bedenkt, dass eine europäische Öffentlichkeit bisher nur selten so deutlich sichtbar geworden ist? Man denke an die Demonstrationen gegen den Irak-Krieg 2003 oder gegen TTIP 2016. Jetzt werden Erfahrungen, Meinungen und Fragen zu Europa wieder öffentlich ausgetauscht.

NEGT Die gegenwärtigen Kundgebungen von *Pulse of Europe* sind eindrucksvoll. Man muss etwas dafür tun, dass die Erfahrungspotentiale, die in einem friedensfähigen Europa stecken, nicht verloren gehen. Allein durch eine gesellschaftliche Krisensituation kann es sehr leicht dazu kommen, dass vergessen wird, in welchen Zusammenhängen Europa entstanden ist. Es braucht zum einen Bildung und zum anderen Herstellung von zwischenmenschlich erfahrbarer Öffentlichkeit, um öffentliches Urteilsvermögen sicherzustellen. Ich komme mir bisweilen etwas monomanisch vor, wenn ich auf die Frage, was das Wichtigste sei, immer wieder antworte: mehr Bildung, mehr Bildung. Aber diese Dimension kann überhaupt nicht stark genug von uns in Obhut genommen werden, weil sie so leicht verloren geht. Die Verbrechen der Nazis sind heute schon, für die nächste Generation, nicht mehr richtig verständlich – warum am 4. April, am 5. April oder am 10. April oder einen Tag vor der Kapitulation noch

Vernichtungsaktionen stattgefunden haben. Man versteht heute nicht mehr, weshalb diese Leute, die damals ihr »Werk« in der Ermordung der Letzten vervollständigten, die sie zu fassen bekamen, keine Angst hatten, zur Rechenschaft gezogen zu werden. Dieser kollektive Sadismus, der damals stattgefunden hat – Rauben und Töten, egal wie –, ist in der europäischen Geschichte einzigartig gewesen und in seiner Dimension nicht einmal mit den Gräueln des Dreißigjährigen Krieges vergleichbar. Aber wie kann man die Menschen dazu bringen, zu verstehen, dass Krieg im Kopf und in den Seelen anfängt, dort, wo wir unsere Persönlichkeiten ausbilden? Ich kann nur immer wieder sagen: Bildung ist ein wesentliches Element für den Aufbau eines friedensfähigen Gemeinwesens.

KEHRBAUM Nun haben wir europäische Erfahrungszusammenhänge historisch hergeleitet: über die Kontrasterfahrung der älteren Generation. Denn was Unfreiheit und was Freiheit, auch in Bezug auf das Reisen, bedeuten, ist für die Menschen der älteren Generation evident. Sie können direkt vergleichen, und Verständnis und Bedeutung entstehen aus dem Zusammenhang eigener Erfahrungen, einer historischen Perspektive und dem Ausblick in die Zukunft. Wenn wir an jüngere Generationen denken, die diese Kontrasterfahrungen nicht gemacht haben, können wir zum einen durch politische Bildung eine Sensibilisierung schaffen, dass Europa es wert ist, erhalten und weiter vertieft zu werden. Wenn wir an den deutsch-französischen Jugendaustausch oder die Erasmus-Programme denken, dann hat das bisher auch sehr gut funktioniert. Was könnten aber zum anderen auch gemeinsame, in die Zukunft gedachte Projekte sein, die helfen, zusätzlich zu den historischen Erfahrungszusammenhängen neue gemeinsame Erfahrungen zu schaffen? Zum Beispiel auch im wirtschaftlichen Kontext, in Fragen gesellschaftlicher Zusammenarbeit, des bürgerschaftlichen Engagements. Welche Projekte können gemeinsame Erfahrungsräume herstellen, in denen persönlich wertvolle Erfahrungen gemacht werden und die Europa als Gemeinwesen praktisch erfahrbar machen?

NEGT Das ist so unmittelbar schwer zu beantworten. Aber ich glaube, dass die Dimension von Entwurf, Fantasie, Lust am Denken und Fabulieren sehr wichtig ist. Man muss die Menschen auffordern, kreativ zu sein, ihnen auch die Möglichkeit geben, selbst Projekte zu initiieren. Möglichkeiten gäbe es dann sehr viele. Die dänischen Tvind-Hochschulen zum Beispiel wurden damals als Reisehochschule konzipiert. Leider ist später ein Reisekonzern daraus geworden. Die ursprüngliche Idee bestand darin, als Gruppe mit Bussen in fremde Gegenden zu fahren, um dort Menschen kennenzulernen und sich in die Verhältnisse der Regionen zu vertiefen. Vorher hatten jeweils Vorbereitungskurse stattgefunden. Das hat ungefähr ein Jahrzehnt glänzend funktioniert. Solche Projekte müssten in Erinnerung gerufen werden, denn sie können Austausch als Erfahrungsprozesse ermöglichen, von denen beide Seiten profitieren.

Solche Lernprozesse haben mich immer interessiert. Hegel sagt, das Einzige, was wir aus der Geschichte lernen, ist, dass wir nichts aus ihr lernen.[6] Das ist aber nicht ganz richtig – auch nicht für die Hegel'sche Philosophie –, denn der Fortschritt im Bewusstsein der Freiheit muss Subjektträger haben, ist nicht einfach Schicksal. Aber es stimmt auch, wenn Hegel sagt, das Einzige, was der Peloponnesische Krieg hervorgebracht habe, sei ein Buch.[7] Wo sind denn die europäischen Taten dokumentiert? Woran kann man sich orientieren, außer an der Verbrechensvergangenheit? Was sind positive Symbole oder Denkmale, was ist die Architektur dieses Europas? Was haben die Architekten voneinander gelernt? Diese

---

6 »Man verweist Regenten, Staatsmänner, Völker vornehmlich an die Belehrung durch die Erfahrung der Geschichte. Was die Erfahrung aber und die Geschichte lehren, ist dieses, daß Völker und Regierungen niemals etwas aus der Geschichte gelernt und nach Lehren, die aus derselben zu ziehen gewesen wären, gehandelt haben.« Georg Wilhelm Friedrich Hegel: *Vorlesungen über die Philosophie der Geschichte*, Einleitung.

7 »Der Kampf des Peloponnesischen Krieges war nur wesentlich zwischen Athen und Sparta. Thukydides hat uns die Geschichte des größten Teils desselben hinterlassen, und dieses unsterbliche Werk ist der absolute Gewinn, welchen die Menschheit von jenem Kampfe hat.« Ebd., Zweiter Teil, »Der Peloponnesische Krieg«.

Dinge müssten zur Zeitzeugenschaft hinzukommen, damit etwas erhalten bleibt.

HEROLD Ich bin derselben Meinung, wie du, Oskar. Ein europäisches Geschichtsbewusstsein ist leider kaum entwickelt.[8] Das liegt daran, dass in unseren Schulen noch immer fast ausschließlich Nationalgeschichte unterrichtet wird und in den europäischen Köpfen damit vor allem ein Nebeneinander von nationalen Helden- und Leidensgeschichten besteht. Aber ist zum Beispiel die deutsche Geschichte nicht ebenso gut Teil einer länderübergreifenden Emanzipationsgeschichte? Ich denke beispielsweise an die Emanzipation der Frau oder die schrittweise Durchsetzung demokratischer, parlamentarischer Verhältnisse. Bestimmte Stichworte aus der Geschichte anderer Länder sind auch in Deutschland im öffentlichen Bewusstsein vorhanden, aber niemand scheint damit tatsächlich etwas verbinden zu können. Zum Beispiel mit der Solidarność. Viele Menschen kennen das sicherlich als Namen einer Bewegung, die es früher einmal in Polen gab, aber sie begreifen es nicht als etwas, das exemplarischen Wert für unser politisches Handeln hat, von dem wir auch hier etwas lernen können. Auf dieser Ebene könnte man ansetzen, eine transnationale Geschichte zu schreiben. An die Solidarność-Bewegung und alle Bewegungen damals schließt sich natürlich auch der Zusammenbruch des ganzen Ostblocks an. Nun bin ich aus ostdeutscher Perspektive vielleicht eher dafür sensibilisiert, aber ich finde es immer verwunderlich, wenn der Tag der Deutschen Einheit und der Mauerfall gefeiert werden, ohne dass in unserer Erinnerungskultur der osteuropäische Kontext als Beiwerk mitgedacht wird. Ohne diese Prozesse in Osteuropa wären der Mauerfall und ein vereinigtes Deutschland überhaupt nicht möglich gewesen! Diese Brücken zu schlagen, muss eine Aufgabe für die politische Bildung und überhaupt für einen öffentlichen Dialog sein.[9]

8   Vgl. Gerhards, Jürgen / Breuer, Lars / Delius, Anna: *Kollektive Erinnerungen europäischer Bürger im Kontext von Transnationalisierungsprozessen. Deutschland, Großbritannien, Polen und Spanien im Vergleich* (Springer: Wiesbaden, 2017).
9   Vgl. Gehler, Michael / Graf, Maximilian (Hrsg.): *Europa und die deutsche Einheit. Beobachtungen, Entscheidungen und Folgen* (Vandenhoeck & Ruprecht: Göttingen, 2017).

Der Zusammenhang zwischen Bildung und Öffentlichkeit ist generell ganz wichtig. Das war eine persönliche Erfahrung für mich aus dem letzten Jahr. Ende 2016 ist *Pulse of Europe* bundesweit und darüber hinaus entstanden. Natürlich kann man sich selbst bilden, indem man zum Beispiel liest oder in seinem Umkreis diskutiert. Es ist aber noch einmal etwas ganz anderes, mit Leuten auf einem öffentlichen Platz in einen Dialog zu treten – mit Leuten, die ich gar nicht kenne, die mir zunächst fremd sind und mit denen ich erst Berührungspunkte finden muss, aber von denen ich Dinge lernen kann, die ich sonst nicht wüsste. Dass die politischen Debatten auf den Plätzen stattfinden und viele unterschiedliche Menschen zusammenbringen, ist auch ein ursprünglicher Impuls unserer Bewegung. Die Menschen wollen aus dem kleinen Kreis der Küchentischgespräche heraus, um etwas öffentlich zum Ausdruck zu bringen.

NEGT Auf allen Ebenen sprichst du einen wichtigen Punkt an, nämlich Öffentlichkeit (Public Viewing, das man jetzt aus Sicherheitsgründen einschränken will, war ja ein Schritt aus der privatistischen Atmosphäre heraus, in der Menschen nur noch konsumieren). Zum Beispiel im aktuellen Tarifkonflikt, den die IG Metall führt, wird Öffentlichkeit hergestellt. Zum ersten Mal seit langer Zeit hat eine ganze Reihe von Intellektuellen die Forderungen der Gewerkschaft unterstützt. Das war eigentlich verloren gegangen, denn der Neoliberalismus hat nicht nur eine Atmosphäre hergestellt, in der Menschen ausschließlich als allzeit verfügbare Lebewesen Existenzrecht haben, sondern er hat auch Formen des Gemeinwesens und der Öffentlichkeit zerstört. Die Öffentlichkeit hat damit einen Zustand erreicht, in dem die Entpolitisierung schon gesetzt ist. Politisierungsstrategien zur Wiederherstellung von Öffentlichkeit für bestimmte Konflikte und Interessen wären für mich ein ganz wesentlicher Punkt einer Ermutigung. Aber allein kann man das nicht schaffen. Es braucht auch ein Bewusstsein dafür, was allein und was nur im Kollektiv bewerkstelligt werden kann. Die Dialektik zwischen Individuum und Gesellschaft muss in irgendeiner Weise, als eine Balancearbeit, wiederhergestellt werden: Was ist unvermeidlich privat, persönlich, und was darf auf keinen Fall verloren gehen, wie zum Beispiel die individuellen Freiheitsrechte. Der Mensch ist eben ein *Zoon politikon,* ein politisches Lebewesen – ob er will oder nicht. Deshalb muss er auch lernen, für das Gemeinwesen einzustehen.

Wir haben ja als Einzelne kaum Einfluss auf eigenartige politische Entwicklungen, wie zum Beispiel die Situation in Spanien mit Katalonien als einem Regionalprojekt. Dort ist die Entwicklung ja insofern riskant, als dass sich – sollte es völkerrechtlich überhaupt möglich sein, dass Katalonien neben einer spanischen Zentralregierung existiert – die katalanischen Ansprüche in anderen Bereichen weiter ausdehnen werden, bis die Gefahr der Erosion besteht. Das ist ein durchaus ernstzunehmendes Risiko.

HEROLD Gerade der katalanische Fall ist auch ein Beispiel für die vielen Situationen der letzten Jahre, in denen über Identität gesprochen wurde. Auch das betrifft das Verhältnis zwischen Individuum und Gemeinschaft. Es werden dabei häufig identitäre Diskurse geführt, also Versuche, dieses Verhältnis zu definieren und durch etwas angeblich Wesenhaftes festzulegen. Dahinter steht ja die Frage, wie man sich friedens-, dialog- und demokratiefähige Subjekte überhaupt vorstellt und welche Voraussetzungen es dafür braucht. Der identitäre Diskurs ist aber gerade das, was uns davon wegführt. Was wir brauchen, ist weniger eine Definition von Identität als vielmehr eine spezifische Haltung: zur Öffentlichkeit, zum Dialog. »Achtung« hast du genannt, Oskar. Ich würde noch Neugier hinzufügen, mit der man sich für das Neue oder den Anderen öffnet. Ich persönlich stehe Versuchen, eine europäische Identität zu definieren, eher skeptisch gegenüber, weil sie Gefahr laufen, den identitären Ansatz nachzuahmen. Stattdessen sollte man den Diskussionen und Herausforderungen der Gegenwart mit einer bestimmten Haltung begegnen. Das könnte die europäische Einigung als politische Vision voranbringen.

NEGT Ja, da stimme ich dir zu: Haltung anstatt einer rein kognitiven oder emotionalen Ebene. Es ist schon eine wichtige Frage, wie das gehen soll, nicht mehr zu sagen: »Ich bin Deutscher«, sondern: »Ich bin Europäer deutscher Herkunft«. *Civis Romanus sum* zu sagen hatte in der Antike ja Vorteile für den Spanier, der zum Römischen Reich gehörte. Natürlich ist es für viele Menschen eine Identitätsfrage, was Europa denn überhaupt sei. Entscheidungen wie der Brexit in Großbritannien lassen sich auch vor dem Hintergrund des Identitätsverlustes betrachten. Zwar ist es eine Fiktion, was verloren wurde, aber die Engländer haben das Gefühl, das British Empire existiere noch. Es hat zwar keinen Realitätsgehalt mehr, aber die kollektive Identität sieht vor, dass der Selbstbestimmungsakt besonders umfangreich ist. Die Briten werden sehen, dass das ein Irrtum ist und praktisch nur Nachteile entstehen.

In Fragen der Rechtsstaatlichkeit gibt es glücklicherweise Entwicklungen und mittlerweile Standards, die zwar immer wieder in Frage gestellt werden, aber nicht mehr rückgängig zu machen sind. Zum Beispiel die Abschaffung der Todesstrafe. Das ist tatsächlich eine festschreibbare, geschichtliche Errungenschaft Europas. In diese Frage sind nicht allein Frankreich oder Deutschland, die Niederlande oder Dänemark involviert, sondern alle. In der Türkei zeigt sich, dass es nicht mehr möglich ist, diese rechtsstaatliche Weiterentwicklung zurückzudrehen, auch wenn Erdoğan das versucht hat. Zu diesen Errungenschaften gehört auch, dass Homosexualität nicht mehr bestraft wird. Zwar wird die Gleichwertigkeit der Geschlechter immer wieder in Frage gestellt, aber es lässt sich nicht mehr einfach so darüber hinweggehen. Die normative Befestigung bestimmter Errungenschaften wird immer wieder verletzt, aber gehört dennoch schon zum zivilisatorischen Haushalt Europas. Das betrachte ich als ein Symbol, das zur Orientierung beitragen kann. Symbole, nicht allein, aber auch in personalisierter Form: Demokraten und Gründer der ersten Stunde, wie zum Beispiel George Washington, die den Grundstein für etwas gelegt haben, könnten auch in Europa wieder aus der Vergangenheit geholt und vergegenwärtigt werden, als öffentliche Symbole.

Wichtig wäre auch Traditionalisierung im Sinne sichtbarer Fortschrittssymbole. Traditionen, die auch von der Linken bestätigt und befestigt werden müssten. In bestimmten Bereichen sind diese Strukturbeziehungen ja verloren gegangen.

KEHRBAUM Hieraus lässt sich direkt eine Bildungsidee entwickeln: In Schulen oder in dem weiten Feld der außerschulischen Jugend- und Erwachsenenbildung könnten wir Aspekte, Objekte und Güter der europäischen Geschichte behandeln und prüfen, welche Institutionen sich dabei herausgebildet haben. Im nächsten Schritt könnten wir gemeinsam überlegen, welche davon es wert sind, sie zu erhalten oder gar auszubauen. Schließlich müssten Wege eröffnet werden, sich praktisch dafür zu engagieren. Der Historiker Timothy Snyder hat in seinem Buch *Zwanzig Lektionen für den Widerstand*[10] vorgeschlagen, dass sich jeder eine Institution suchen sollte, die er oder sie verteidigt. Hier nennt er neben Gerichten, Zeitungen und Gesetzen auch die Gewerkschaften. In der Tat mussten die Beschäftigten wegen der wirtschaftlichen Krise in Europa zunächst ihre Arbeitsplätze verteidigen und dann im Zuge der Austeritätspolitik gewerkschaftliche Rechte und soziale Errungenschaften. Wirtschaft geht alle in Europa an. Zu Beginn des Nachkriegseuropas waren Frieden und Wirtschaft noch ein gemeinsames europäisches Projekt. Obwohl wir alle den wirtschaftlichen Prozess tragen, geht es scheinbar nur noch ums Gewinnen und Verlieren, mit dem Gefühl, keinen Einfluss bei den Spielregeln zu haben. Wenn man Menschen für Europa begeistern will, müssen sie beteiligt werden. Gewerkschaftliche Rechte sind vor allem Beteiligungs- und Gestaltungsrechte, durch die die Menschen umfassender an der Wirtschaft partizipieren können. Gerade wenn es darum geht, Europa sowohl wirtschaftlich als auch sozial und ökologisch zu entwickeln. Also müssen Beteiligungsrechte wiederhergestellt und weiter ausgebaut

---

10 Timothy Snyder: *Über Tyrannei. Zwanzig Lektionen für den Widerstand* (C. H. Beck: München, 2017).

werden. Das Recht auf Verkürzung der wöchentlichen Arbeitszeit, das wir den Arbeitgebern in dieser Tarifrunde abringen konnten – du hast es schon angesprochen Oskar –, ist ein gutes Beispiel. Denn dieser Kampf um Arbeitszeitverkürzung in Hinblick auf die Ermöglichung häuslicher Pflege, Kinderbetreuung und mehr sozialer und kultureller Teilhabe, die bei Schichtarbeit eingeschränkt ist – wurde durch einer Befragung von Hunderttausenden Arbeitnehmerinnen und Arbeitnehmern in der Metall- und Elektroindustrie angestoßen.[11] Über 80 Prozent haben mehr Selbstbestimmung bei der Arbeitszeit gefordert. Die IG Metall ist stark genug, um diese Bedürfnisse – auch nach mehr Füreinanderdasein in Wirtschaft und Gesellschaft – gegen Profitinteressen durchzusetzen.

Die Rechtspopulisten in Europa, die den Linken die Kapitalismuskritik geklaut haben, bieten den Menschen Fremdenhass an statt Respekt, echtem Interesse und Miteinander. Diese sind aber die Grundlage dafür, Europa sozial voranzubringen – durchaus auch mal im demokratischen Gegeneinander wie in einer Tarifrunde. Wenn in Europa die Menschen die Möglichkeit haben, die Dinge, die ihnen wichtig sind, zu artikulieren – wie es durch Gewerkschaften möglich ist –, werden sehr schnell gemeinsame Interessen sichtbar. Diese dann auf der Grundlage europäischer Werte wie Humanismus und Solidarität zu verteidigen, führt die Vergangenheit Europas über das Hier und Jetzt in eine sozialere Zukunft. Da bin ich sicher.

HEROLD Was ist deinen Kolleginnen und Kollegen denn wichtig, wenn es um die Zukunft Europas geht?

KEHRBAUM Die Hans-Böckler-Stiftung hat vor zwei Jahren eine Umfrage dazu gemacht,[12] was den Teilnehmern unserer europapolitischen Seminare wichtig ist. Diese Menschen bringen sicher bereits ein kon-

---

11 https://www.igmetall.de/befragung-2017-arbeitszeit-25366.htm.
12 http://www.innovationsdemokratie.de/mediapool/58/584093/data/Wandel_Einstellungen_zu_Europa.pdf.

kretes Interesse an Europa mit, aber eine Sache wurde besonders häufig erwähnt: Ihnen geht es primär nicht um eine Erweiterung Europas, sondern um eine Vertiefung. Das heißt konkret: Europa muss sozialer und gerechter werden. Aber ich frage mich, was ein soziales Europa für uns ganz praktisch bedeutet? Ist es der Sozialstaat, oder ist das Soziale nicht viel mehr? Vergleicht man die ›Sozialdaten‹, sieht man schnell, dass Europa in puncto Sozialleistungen, Bildungsausgaben, Altersvorsorge und so weiter die sozialste Region der Welt ist. Das ist aber der Blick auf die monetären Leistungen der Institutionen des Sozialstaates. Und klar ist, dass trotz dieses hohen Niveaus Ungerechtigkeiten bestehen, die ich zum Beispiel darin sehe, dass auf der einen Seite Menschen nach zwölf Monaten Arbeitslosigkeit auf Hartz IV fallen und auf der anderen Seite die Vermögenssteuer praktisch abgeschafft wurde. Das ist ein wichtiges Feld des Sozialen. Bezogen auf eine Region heißt »sozial« aber auch noch etwas anderes, was auch sehr wichtig ist, nämlich: Hier sind meine sozialen Bindungen, hier kann ich mich als Mensch überhaupt erst durch soziale Beziehungen entwickeln. Meine Frage ist: Wie schaffen wir es, die Ökonomie – die nicht per se mit Kapitalismus gleichzusetzen ist – wieder so zu gestalten, dass sie als das erfahrbar wird, was sie alltäglich eigentlich ist: ein Raum des Miteinanders und der Kooperation. Um das zu verdeutlichen, möchte ich die Bereiche Familie, Arbeitswelt und Gesellschaft in Beziehung setzen: Die Familie ist in den meisten Fällen ein Ort des Füreinanderdaseins, wo Vertrauen und Verantwortung erfahr- und lernbar sind. Verstehen wir die Arbeitswelt als ein Füreinander-Tätigsein, so entwickeln wir Vertrauen und Verantwortung im gemeinsamen Verfolgen von Zielen und in demokratischen Prozessen des Mitgestaltens und Mitbestimmens. Das wiederum ist meiner Meinung nach eine Bedingung dafür, Vertrauen und Verantwortung auch in größeren Kontexten – der Gesellschaft oder gar einer supranationalen Organisation wie Europa – praktisch wirksam werden zu lassen. So können Interesse und Engagement für ein Gemeinwesen entstehen. Deshalb plädiere ich dafür, Gewerkschaften und betriebliche Interessenvertretungen in Europa rechtlich zu stärken.

NEGT Ich habe ja häufig und in verschiedenen Zusammenhängen von der Erweiterung der Gewerkschaftsmandate gesprochen, zum Beispiel des kulturellen Mandats oder des Interessenmandats. Momentan hat es den Anschein, dass die Gewerkschaften aus der Fläche verschwunden sind. Hier in Hannover auf dem Platz vor dem Rathaus bin ich am 1. Mai doch sehr betrübt, dass die Symbolkraft der Arbeiterbewegung ziemlich verloren gegangen zu sein scheint. So lange das der Fall ist, werden auch tarifliche und politische Forderungen nicht mehr auf die Unterstützung der Bevölkerungsmasse treffen. Das kulturelle Mandat kann nur dann wirksam werden, wenn auch die kulturelle Umgebung, in der das klassische Instrument der Tarifpolitik zum Einsatz kommt, gewerkschaftsfreundlich ist.

Im Augenblick habe ich den Eindruck, wir haben es in der ganzen Welt nur noch mit Krisen zu tun. Man traut sich ja kaum noch, die *Tagesschau* einzuschalten. Die Häufung der Krisenherde hat auch dazu geführt, dass die Kampflinie verwischt ist. Diese einzelnen Krisenherde müssten wieder spezifiziert werden. Ich finde, der Abbau von Gewerkschaftsrechten ist ein Krisenherd ganz spezifischer Art. Dafür werden aber nicht alle zur Gegenbewegung herangezogen werden können, weil nicht alle daran interessiert sind, was die Gewerkschaften tun. Auch Familienkrisenherde fallen mir ein, wie die Schule. Wir müssen die Krisensituation spezifizieren und auseinanderlegen, um aktions- und kampffähig zu sein. Für die Gewerkschaften hat sich die kulturelle Ausdruckssituation in den letzten Jahren sehr verschlechtert. Es verschwinden ja ganze Protestpotentiale, zum Beispiel die Bücherwelt. Ich will sagen, es gibt zwar genug scharfsinnige Analysen zu unserer Situation, aber die Bindung der Theorie an die Handlungspotentiale muss wieder gelingen. Wenn wir es mit Krisenherden zu tun haben, müssen daraus Maßnahmen und Normen hervorgehen, die sich auf Handlungszusammenhänge beziehen. Mit einem Wort: *Aus Krisenherden Handlungsfelder machen.*

Das ist auch in meiner Autobiografie eine zentrale Frage: Was bedeutet die Idee von Adorno, dass die eigentliche Veränderungskraft in der bestimmten Negation besteht? Das klingt zunächst etwas fremdartig, hat aber einen guten Sinn, wenn man genauer hinschaut. Adorno sagt, dass die Dinge sich nicht von oben nach unten bewältigen lassen, sondern man in die einzelnen Verhältnisse und Subjekte eindringen muss, um die darin befindlichen, nach außen drängenden Potentiale sicht- und nutzbar zu machen. Wenn man solche Potentiale in der Gesellschaft sucht, wird man sie finden. Ein Kampf in der Schule zum Beispiel ist kein Kampf für das ganze Gemeinwesen, aber erzeugt dennoch für einzelne Elternpaare und Kinder spezifische Erinnerungen.

Dieser Begriff der »bestimmten Negation« wendet sich auch gegen bestimmte Aktionen exemplarischen Terrors, die in dem Glauben verübt werden, die Leute aufzurütteln. Es ist nicht so, dass die Menschen nicht schockiert sind, aber dennoch tritt das Gegenteil ein, nämlich dass sie sich stärker zusammenschließen, um solchen Terror zu verhindern.[13]

KEHRBAUM Ich kann ein konkretes Beispiel einer »bestimmten Negation« geben, Oskar: Schon als Auszubildender habe ich meine Gewerkschaft, die IG Metall, als eine Gemeinschaft kennengelernt, in der wir gemeinsam zum einen konkret etwas verändern können, was wir so *nicht* wollen, und zum anderen etwas erreichen können, *was* wir wollen. Abgeschafft haben wir zum Beispiel ausbildungsfremde Tätigkeiten, wodurch die Qualität der Ausbildung verbessert wurde. Erreicht haben wir einen Tarifvertrag zur Übernahme nach der Ausbildung, der uns Sicherheit und Perspektive gab. Er besteht übrigens bis heute und wurde von der IG Metall Jugend noch verbessert. Wir haben dabei aber grundsätzlich gelernt, uns nicht nur passiv zu verhalten, sondern gemeinsam und zielgerichtet zu handeln – dafür braucht es eine gemeinsame Haltung, die

---

[13] Vgl. Adorno, Theodor W.: *Gesammelte Schriften, Bd. 7: Ästhetische Theorie* (Suhrkamp: Frankfurt/Main, 1996), S. 560.

im Austausch von Interessen, Fragen und Wünschen entsteht und dabei gleichzeitig die Individuen stärkt, also ihren Wunsch nach und ihre Kompetenz für Selbstbestimmung.

HEROLD Was zur Umgebung von Gewerkschaften auch noch dazugehört, ist die institutionalisierte Politik der Parteien, die auch von diesem Prozess betroffen sind. Wenn man sich Mitgliedszahlen anschaut, scheint sich das momentan zu stabilisieren oder sogar umzukehren. Aber lange Zeit haben klassische Organisationen, die zur politischen Bildung beigetragen haben, an Bindungskraft verloren und damit zugleich auch die Rückmeldung aus der Gesellschaft, die zur Artikulation und später auch Durchsetzung von Interessen notwendig ist. Gleichzeitig gibt es aus der Bevölkerung einen lautstarken Ruf nach Beteiligung.

Ich habe das Gefühl, dass derzeit viele grundsätzliche Fragen offen vor uns liegen. Die Frage der Verteilung ist eine – auch auf welcher Ebene, ob national oder auch transnational. Eine weitere Frage ist, wie wir uns politische Prozesse vorstellen: partizipativ, also als Beteiligung von unten, oder repräsentativ, also nach dem Prinzip der Vertretung, dem auch Gewerkschaften und die politischen Parteien mit ihren Strukturen traditionell anhängen. Letztere haben während der vergangenen Jahrzehnte offenkundig an Strahlkraft und Glaubwürdigkeit verloren. Seit einiger Zeit findet wieder eine starke Politisierung der Gesellschaft statt, aber es gibt eine offene Suche danach, wie sie gebündelt und organisiert werden kann. Deshalb entstehen solche Bewegungen wie *Pulse of Europe* scheinbar aus dem Nichts, weil sich dort etwas Bahn bricht. Bei unseren Kundgebungen sagten Teilnehmer zu Beginn sehr oft: *Endlich gibt es das!* Das Wort »endlich« war besonders auffällig, denn es ging nicht nur um die Rückmeldung, dass unsere Veranstaltungen interessant waren oder gut angekommen sind, sondern auch darum, etwas Überfälliges zu adressieren, irgendein Bedürfnis, dass etwas fehlt. Die Frage muss deshalb lauten, was man aus diesem Bedürfnis nach Beteiligung, danach gehört zu werden, macht.

Es gibt, was den Reformprozess der EU betrifft, die Idee der Bürgerkonvente, und ich glaube, es ist ganz wesentlich, die Bürger in den europäischen Reformprozess einzubinden, damit er in ihren Interessen geerdet wird; damit klar wird, welches Europa wir *wollen,* aber auch, welches Europa wir *brauchen.* Vor allem in Bezug auf die Probleme und Herausforderungen, mit denen wir es zu tun haben: zum Beispiel dem Wandel der Arbeitswelt, ökologischen Problemen und so weiter. Insofern wird die Frage, wie Politik überhaupt in Europa stattfindet, gerade ganz neu verhandelt. Vermutlich ist das für Gewerkschaften im Moment auch ein Bildungs- oder Erfahrungsprozess: dass das Bedürfnis nach anderen Formen von Beteiligung existiert und erst einmal herausgefunden werden muss, was dieses diffuse Interesse überhaupt ist.»Beteiligung« ist ja immer schnell gesagt, aber sie ins Werk zu setzen ist aufwendig und braucht Zeit. In diesem Sinne muss auch gefragt werden, wie man Menschen in eine politische Öffentlichkeit holt, die nicht nur Debatte ist, sondern auf politische Gestaltung hinausläuft.

Zugleich sollte aber auch die Idee der Repräsentation wieder gestärkt werden. Ich denke, das widerspricht nicht dem Vorhaben, so etwas wie Bürgerkonvente auf die Beine zu stellen. Die Frage ist, wie beides fruchtbar für die Bearbeitung bestehender Probleme genutzt werden kann. Parteien und Gewerkschaften spielen in einer pluralistischen Gesellschaft weiterhin eine wichtige Rolle. Gerade Menschen, die mit diesen Organisationen unzufrieden sind, müssen sich an deren Entwicklung beteiligen, sie mit ihrer Energie beleben.

NEGT Das ist natürlich die alte Idee, die Rosa Luxemburg formuliert hat: dass die Dialektik von Spontaneität und Organisation, wo sie von bürokratischer Entfremdung gestört ist und die Menschen das Gefühl haben, nicht mehr beteiligt zu sein, wiederhergestellt wird. Obwohl es das repräsentative System durch Wahlen gibt, greift es offensichtlich zu kurz. Man geht zur Wahl, und dann war's das auch schon mit dem Demokratie-Vorgang, obwohl das für viele Menschen eigentlich immer weniger ausreicht. Dass diese Menschen nun etwas wählen, das im System nicht repräsentiert ist, kann man gut verstehen. Ich habe die Neigung, auf die Antike zurückzugreifen: Was Cicero seit Langem beobachtete und mit dem Namen *Res publica amissa*, die vergessene oder vernachlässigte Republik, bezeichnete, beschrieb genau das: Die Republik vergaß immer mehr Menschen, weil die Senatsrepublik sich selbst genug war und ausreichte, um sie zu repräsentieren. Aber es mussten dann erst die Gracchen – die Brüder Tiberius und Gaius Gracchus – mit ihren Land- und Sozialreformen kommen, um den Versuch einer Erneuerung der alten Agrargesetze zu unternehmen. In der Folge wurden beide auf bestialische Weise ermordet.

Dieses Vergessenwerden der Menschen fällt mir immer stärker auf. Die AfD behauptet, sie repräsentiere diejenigen, die vergessen wurden. Da ist leider etwas dran. Ich weiß auch nicht, wie man das verändert, aber ich habe das Gefühl, dass sich meine Wut auf die AfD-Leute in Grenzen hält, weil die Interessen, die dort vertreten werden, völlig unstrukturiert und diffus sind. Aber es sind eben Interessen, die die Menschen durch gesellschaftliche Institutionen wahrnehmen möchten.

HEROLD Aber ist es nicht eher so, dass die AfD davon lebt, sich zwar öffentlich auf diese Interessen zu berufen, sie aber eigentlich missbraucht und nicht repräsentiert?

NEGT Natürlich. Aber was haben die Nazis gemacht? Wenn ich ein Buch empfehlen darf: *Erbschaft dieser Zeit* von Ernst Bloch. Er beschreibt, wie stückweise die Symbole verloren gehen, indem sie von den Nazis umdefiniert werden: Kleidung, Hakenkreuze und so weiter. So war die Nazifizierung Deutschlands auch ein schleichender Prozess. Gesellschaftspolitisch wurde er dann gefährlich, als Göring Reichstagspräsident wurde. Dann saß plötzlich jemand in einer wichtigen Institution. Heute sitzt auch die AfD praktisch in allen relevanten Ausschüssen.

Worauf ich hinaus will: Man muss wieder Theoriearbeit betreiben, um bestimmte Prozesse zu behalten, zu kritisieren. Auf die linke Theoriearbeit kann man nicht verzichten, sondern muss konstitutiv diese Dialektik umsetzen: Welche Prozesse müssen an Repräsentanten abgegeben werden und was muss durch Alltagsarbeit, im Privaten, in der Nachbarschaft gemacht werden.

Ich bereue jetzt noch, zwei Einladungen für ein Haxenessen eines Stammtisches abgelehnt zu haben. Ich dachte: *Du kannst jetzt keine Stammtischreden halten.* Diese Seite ist wichtig, denn viele Menschen sind sonst nicht mehr erreichbar.

HEROLD Das heißt, Parteien, Gewerkschaften oder Bürgerbewegungen wie *Pulse of Europe,* die sich Beteiligung zur Aufgabe gemacht haben, müssen versuchen, auch diejenigen einzubeziehen, die noch nicht einmal mehr nach Beteiligung rufen. Dass sich bei uns vor allem die gebildete Mittelschicht versammelt, wurde auch häufig an *Pulse of Europe* kritisiert. Ich finde das aber gar nicht trivial, denn die ökonomische Mittelschicht muss nicht zwangsläufig die politische Mitte sein. Deswegen ist es zunächst auch wichtig, sie zu sammeln und sichtbar zu machen. Vor jedweder Art von Beteiligungsprozess – wie zum Beispiel bei Bürgerkonventen, wenn es um die EU-Reform geht, oder beim Tarifstreit im Falle der Gewerkschaften – steht erst einmal die Aufgabe, wieder zu mobilisieren und zu inkludieren. Ich finde, besonders darin besteht demokratisches Handeln: Menschen immer wieder neu zu versammeln.

Symbole sind ein wichtiges Stichwort. Den Kampf um Symbole führen wir ja bereits. Jede der rechtspopulistischen Bewegungen – nicht nur die AfD in Deutschland, sondern auch Kaczyński in Polen oder Orbán in Ungarn – kennzeichnet ein nationalistischer Geschichtsrevisionismus, also die aggressive Umdeutung nationaler Geschichten, Symbole, Figuren und Persönlichkeiten. Hinzu kommt eine gefährliche Nostalgie[14] nach alten imperialen Zeiten, die zum Beispiel in Großbritannien von UKIP

---

14   Zur Nostalgie als machtvoller politischer Stimmung unserer Zeit vgl. Baumann, Zygmunt: *Retrotopia* (Suhrkamp: Berlin, 2018).

befeuert wurde und wesentlich zum Brexit beigetragen hat. Dem muss etwas gegenübergestellt werden, was wir vorhin schon angesprochen haben: das kritische Geschichtsbewusstsein einerseits und die transnationalen emanzipatorischen Geschichten andererseits. Die historische Aufarbeitung von Kolonialismus und Totalitarismus ist für die europäische Einigung essentiell. Zugleich muss man versuchen, Symbole zu finden, die wie durch ein Prisma Licht auf progressive Interessen werfen. Es braucht eine historische Bildung, die uns bei der Einordnung und kritischen Deutung heutiger politischer Konflikte hilft.

NEGT Kants Definition von Aufklärung als dem Ausgang aus der selbstverschuldeten Unmündigkeit lässt das Wort »Ausgang« nach einer Art Erlaubnis klingen, hinauszutreten. »Habe Mut, dich deines Verstandes ohne Anleitung eines anderen zu bedienen.«[15] Bedeutet ja, dass ein gegenaufklärerischer Impuls massenhaft da ist. Das sind heute die Gegenaufklärer, die ihr intellektuelles Potential noch nicht gefunden haben. Mir scheinen da die Figuren noch ungeeignet zu sein. Zum Beispiel gibt es in der Universität eine Strömung, die schon Sloterdijk und andere gehen, die das Argument der Verarmung der Menschen bloß an ihren jeweiligen kognitiven Fähigkeiten festmachen. Da argumentiere ich dagegen: Man muss schon den ganzen Menschen sehen und betrachten, was ihm wichtig ist, was er sich wünscht und was seine Motivationen zu handeln sind. Genauso sind die Brüche zu sehen, die Menschen in ihrem Leben durchlaufen. Da ist auch alles drin, was schon Kant als Menschen charakterisiert, der die verdammte Neigung habe, Regeln zu verletzen. Deshalb brauche man Regeln und Gesetze.

KEHRBAUM Dann lasst uns an dieser Stelle noch einmal die politische Bildung stark machen. Sie klingt zwar sehr trocken, aber beinhaltet – sofern wir sie nicht als reine Institutionenkunde verstehen – viel von dem,

---

15 Vgl. Immanuel Kant: Werkausgabe in 12 Bänden, Bd. 11.1: Schriften zur Anthropologie, Geschichtsphilosophie, Politik und Pädagogik (Suhrkamp, Frankfurt/Main, 2006), »Beantwortung der Frage: Was ist Aufklärung?«.

was unsere Interessen und Wünsche angeht, aber auch unsere Traditionen, und vor allem kann sie helfen, die verwirrenden Probleme unseres gegenwärtigen sozialen Lebens besser zu verstehen. Legen wir Aristoteles' Politikbegriff zugrunde, dann geht die soziale Gemeinschaft der Menschen dem wirtschaftlichen und staatlichen Gemeinwesen immer schon voraus. Aristoteles sieht es als natürlich an, dass wir uns per Sprache und Kommunikation über die menschlichen Angelegenheiten verständigen. Weil wir soziale Wesen sind, sind wir auch politische Wesen. Ein *Zoon politikon,* wie du schon erwähnt hast, Oskar. Das bedeutet auch, dass wir die Qualität des sozialen Zusammenlebens in den Blick nehmen müssen, wenn wir die Probleme der heutigen komplexen Gesellschaften mit ihrer global organisierten Wirtschaft lösen wollen. Dem würde entsprechen, die Demokratie als Lebensform zu entwickeln. Kant hat mit seinem Begriff der Aufklärung den Anspruch verbunden, dass sich jeder selbst aus seiner Unmündigkeit befreien müsse, da sie selbstverschuldet ist. Spätestens mit Erich Fromm wissen wir, dass die Menschen vor dieser Freiheit und der daraus entstehenden Verantwortlichkeit Angst haben. Menschen sind soziale Wesen. Und sie neigen dazu, sich gemeinsam mit anderen zu orientieren. In den Gewerkschaften ist politische Bildung und Aufklärung selbst organisiert und hat damit einen anderen Ausgangspunkt als Politikunterricht in der Schule. Wie richten wir uns an unseren gemeinsamen Erfahrungen aus? Die Arbeitswelt bildet dabei zunächst den Ausgangs- und Bezugspunkt unseres Bildungsprozesses. Konkrete Probleme werden hinsichtlich ihrer Entstehung und ihrer Lösung diskutiert. Sozial denken heißt dabei, dass ich mich nicht selbst und alleine aus meiner selbstverschuldeten Unmündigkeit befreien muss. Jetzt könnte ich sagen, ich habe Glück gehabt, dass ich mir mithilfe der gewerkschaftlichen Bildungsarbeit, also mit anderen Kundigen, die Welt erkläre. Andere orientieren sich an anderen Gemeinschaften: zum Beispiel an Pegida oder der AfD. Auch sie machen ein Angebot für politische Orientierung, allerdings ist die Problembestimmung schon falsch, die Analysen bestehen aus

Europa erfahrbar machen

Reflexionsabbrüchen und somit sind die Schlussfolgerungen praktisch unbrauchbar. Man bedenke doch nur einmal ernsthaft die Konsequenzen, die sich aus den meisten ihrer Forderungen ergäben. Sie wollen ein Europa der Vaterländer und sehen den Erhalt des eigenen Staatsvolkes als vorrangige Aufgabe der Politik an. Diejenigen, die jetzt nachträglich mit dem Brexit-Votum hadern, sind eine Warnung vor solch politischen Hasardeuren.

Wie können wir also erreichen, dass wir uns in tief demokratischer Weise über Probleme, deren Ursachen und möglichen Lösungen verständigen, bevor wir unbedacht handeln? Vielleicht brauchen wir schlicht einen neuen Begriff von politischer Bildung. Mein Vorschlag lässt sich unter dem Stichwort »Innovationsdemokratie« zusammenfassen. Was heißt das? – Wir haben vorhin über das Geschichtsbewusstsein gesprochen und die Frage, ob historische Prozesse automatisch in eine bestimmte Richtung laufen, ohne dass wir sie steuern können oder ob wir das Vermögen haben, in sie einzugreifen. Ich würde sagen, ja, wir sind Subjekte und können eingreifen. Allerdings laufen viele historische Prozesse ohne unsere Beteiligung ab.

NEGT Ja, bedauerlicherweise ist das so.

KEHRBAUM Deshalb muss die Frage sein: Sind wir nur passiver Teil des historischen Prozesses oder machen wir uns zu Beteiligten. Diese Frage nehme ich in den Hintergrund des Begriffes »Innovationsdemokratie« auf. Menschliche Kultur hat immer schon Innovationen hervorgebracht. Heute jedoch verunsichert der beschleunigte technologische Wandel: Digitalisierung, *Industrie 4.0*. Neben den technologischen Innovationen gibt es aber auch soziale Innovationen, über die wir reden müssen. Das sogenannte *Bedingungslose Grundeinkommen* wäre zum Beispiel eine solche soziale Innovation, eine Weiterentwicklung des Sozialstaates. Ich habe den Eindruck, dass viele diese Idee gut finden, und viele Argumente dafür sind für mich einleuchtend. Wir Gewerkschaften sehen das sehr kritisch, weil zunächst eine gerechte Finanzierung geklärt werden muss. Deutschland leistet sich nicht einmal bedingungsloses Hartz IV. Zu denken gibt uns, dass nun auch bekannte Wirtschaftsführer wie Joe Kaeser oder Mark Zuckerberg ein Grundeinkommen befürworten. Sind Manager hier nicht vor allem von der Angst getrieben, Konsumenten zu verlieren, wenn durch die Digitalisierung Arbeitsplätze wegfallen? Wichtig ist jetzt, dass sich viele an der Diskussion beteiligen, wie die Arbeitswelt von Morgen aussehen soll und wie wir uns ein gutes Zusammenleben vorstellen.

Innovationsdemokratie wäre dabei ein gemeinsames Lernen auf der Grundlage realer Probleme mit dem Ziel der gemeinsamen Problemlösung. Wenn dabei möglichst viele mitdenken und -reden können, ist die Chance groß, dass Reflexionsprozesse zu wichtigen und komplexen Fragen nicht vorzeitig abgebrochen werden. Dafür braucht es Zeit. *Pulse of Europe* gibt es auch deshalb, weil es den freien Sonntag gibt. Viele Unternehmen haben längst begriffen, dass ihre Beschäftigten Freiräume brauchen, um innovativ zu sein. Die Gesellschaft braucht diese auch, wenn sie soziale Innovationen hervorbringen soll. Die Aufgaben der Innovationsdemokratie liegen schon auf dem Tisch: Digitalisierung, neue Mobilitätskonzepte, Energiewende und Klimawandel. Das sind alles Themen, die wir gar nicht mehr national lösen können. Die europäische Erfolgsgeschichte der Demokratie zeigt uns: Gerade weil wir bisher auf Europa vertraut haben, um große Probleme zu lösen, sind wir heute in der Lage, diese Themen zum Beispiel in einem gemeinsamen Projekt zur ökologisch nachhaltigen Re-Industriealisierung Europas anzugehen.

Mithilfe eines innovationsdemokratischen Ansatzes werden Fähigkeiten entwickelt, die es braucht, um Zusammenhänge herzustellen, auch transnationale. Im Entwickeln gemeinsamer Begründungen und Zielsetzungen entsteht Vertrauen und Verantwortung füreinander. Das Nachdenken über die eigene persönliche Entwicklung und Zukunft – die am Stammtisch, in der Schule, zu Hause oder im Betrieb immer eine Rolle spielt – kann somit wieder in soziale Beziehungen und Institutionen eingebettet werden. Für diesen politischen Bildungsprozess müssen Beteiligungsmöglichkeiten und Räume geschaffen oder erneuert werden.

NEGT Ich habe da im Vergleich eher sehr primitive Vorstellungen. Wenn Kant sagt, Urteilskraft sei das Vermögen des Besonderen, Vernunft das Vermögen der Prinzipien und Verstand das Vermögen der Regeln,[16] meint er mit dem Vermögen des Besonderen, dass erst ein aufgeklärtes Verhältnis entsteht, wenn meine Privatverhältnisse angesichts des Weltbegriffs der Philosophie so eingeordnet werden können, dass ich auch auf diese Weise am Weltgeschehen teilnehme. Das heißt, das Private, die besondere Erfahrung, ist der Ausgangspunkt für Verallgemeinerungen. Und an der Linie dieser Besonderheiten zu argumentieren, bedeutet, dass ich mit meinen Privatverhältnissen nicht mehr alleine bin, sondern mich auf ein Weltgeschehen dort draußen beziehe.

Heute muss ein Mensch eine technologische Kompetenz haben, die ich zum Beispiel überhaupt nicht habe, da ich mich auf die digitalisierte Welt nicht einlasse. Deswegen bin ich auch davon abhängig, dass andere für mich solche Dienstleistungen übernehmen. Eine technologische Kompetenz würde bedeuteten, sich auf die Balancearbeit einzulassen – die Technisierung der Welt ist ja sehr zwiespältig in dem Sinne, dass vieles gewonnen, aber auch vieles verloren werden kann. Die ganze Reflektion auf Identitätskompetenz, technologische, ökonomische und ökologische Kompetenzen, historische Kompetenz, Gerechtigkeitskompetenz – mir ging es darum, den Kompetenzbegriff im Allgemeinen den anderen zu entziehen. Diese Weiterentwicklung politischer Bildung wiederum gibt bestimmten Menschen Orientierung. Politische Bildung ist Aufbau von unten. Da hilft es nicht mehr, von oben umfassende Theorie zu haben, die sich tröpfchenweise nach unten bewegt. Um den Erfahrungsansatz

---

16 Kant, Immanuel: *Werkausgabe in 12 Bänden*, hrsg. v. Wilhelm Weischedel, Bd. 10: *Kritik der Urteilskraft* (Suhrkamp: Frankfurt/Main, 2006), Einleitung, Kapitel IV; ders.: *Werkausgabe in 12 Bänden, Bd. 2: Kritik der reinen Vernunft* (Suhrkamp: Frankfurt/Main, 2006), Kapitel 56.

in der politischen Bildung hat es ja politische Kämpfe gegeben. Aber ich betone nach wie vor: Es muss von unten ausgehen. Konflikte allgemeiner Substanz aus den individuellen Konflikten der Menschen herauszuarbeiten, wäre Resultat eines gelingenden Bildungsprozesses.

Ulrike Guérot
Die Zukunft Europas – oder Zukunft ohne Europa?

In seinem Essay »Europadämmerung« stellt sich der politische Intellektuelle Ivan Krăstev die Frage, ob wir gegenwärtig in Europa einen vergleichbaren Zerfallsaugenblick erleben wie einst den des multiethnischen Großreiches der Habsburger oder der Sowjetunion. Dabei formuliert er treffend: »Das Ende ist sowohl unvermeidlich als auch unbeabsichtigt.« In Bezugnahme auf Joseph Roths Roman *Radetzkymarsch* stellt er fest, dass politische und kulturelle Artefakte, wenn sie denn verschwinden, dies abrupt tun. Das Ende sei die natürliche Folge struktureller Mängel und eine unbeabsichtigte Folge eines schlafwandlerischen Vorgangs, ein besonderer Augenblick mit ganz eigener Dynamik.[1] Berechtigterweise ist die Frage zu stellen, ob wir uns nicht gerade auf eine solche Zeitenwende zubewegen und, wie Stefan Zweig einmal schrieb, es den Zeitgenossen aber nicht vergönnt ist zu erkennen, in welchem historischen Moment sie sich gerade befinden.

Ein nüchterner Blick auf Europa am Jahresende 2017

Tatsächlich ist die EU tief gefallen. Im letzten Jahr genoss sie nur noch das Vertrauen von rund 47 Prozent aller Europäer, auch wenn die Zahlen jetzt angesichts des Brexit-Debakels, das wie eine schmuddelige europäische *Reality Show* daherkommt, wieder leicht nach oben gehen, interessanter-

---

1 Vgl. Krăstev, Ivan: *After Europe* (University of Pennsylvania Press: Philadelphia, Pennsylvania, 2017).

weise auch in Staaten wie etwa Ungarn. Doch für ein großes politisches Projekt, gar für eine Neugründung Europas *à la Emmanuel Macron* ist eine derartig geringe Unterstützung in der Bevölkerung in weiten Teilen der EU eindeutig zu wenig. Die große Erosion der europäischen Idee hat eindeutig tiefe Spuren auf dem Kontinent hinterlassen. Die Parteiensysteme in den meisten Mitgliedsstaaten der EU sind nicht zuletzt im Zuge der Eurokrise kollabiert, die europäischen Sozialdemokraten sind von der Bildfläche verschwunden, die europäische Linke ist in allen EU-Mitgliedsstaaten zutiefst gespalten und das politische Vakuum wird von nationalistischen Parteien gefüllt, die sich in Europa zu einer Art »identitären Internationale« von Geert Wilders über Marine Le Pen, der polnischen PiS-Partei bis hin zur ungarischen FIDES-Partei, den Wahren Finnen oder der österreichischen FPÖ zusammengefunden haben. Diese Parteien sind alle gut organisiert, haben große Wählerschaften hinter sich und offensichtlich auch finanziell ausreichend Förderer. Diese nationalen Parteien verfolgen nicht überall, aber doch oft eine soziale Politik, zum Beispiel in Polen, und sind daher insbesondere zur Bedrohung linker Parteien geworden. Wo die Linke ihre Argumente über die soziale Frage nicht im öffentlichen Raum halten konnte, sind diese nach rechts gewandert.

Einerseits hat die Rechts-Links-Polarisierung zugenommen, auf der anderen Seite steht eine bürgerliche Mitte, die sich gegen diesen Schub von Nationalismus und Populismus wehrt. Hinter Macrons erfolgreichem Wahlsieg und seinem Slogan *»Ni Droite Ni Gauche«* steht strukturell die gleiche Krise der politischen Repräsentation, die in Deutschland um die Jahreswende 2017/2018 dazu führte, dass nicht sofort eine vernünftige Koalition zustande kam.

Soll die europäische Idee gerettet werden, müssen jetzt klare und ehrgeizige europäische Ziele verfolgt werden, die weit über jene fünf Szenarien für die Zukunft der EU hinaus gehen, die die Kommission im März 2017 der Öffentlichkeit vorgestellt hatte. Von der Banken- zur Eurokrise, von der Spar- zur Flüchtlingspolitik, vom katalanischen Unabhängigkeitsreferendum zum nächsten Show-down der Brexit-Verhandlungen kommt die EU seit Jahren aus dem Krisenmodus nicht heraus. 2018 standen Wahlen in Italien an mit zunächst unklarem Ausgang für das Land. In Tschechien ist ein Premier gewählt worden, der die EU längst abgeschrieben hat. Schon länger geistert das Wort »Weimarisierung« durch Europas Gazetten, und ein Blick nach Polen oder Ungarn reicht, um die Analogien der politischen Situation mit den Zwischenkriegsjahren zu erfassen. Auch die Beteiligung der FPÖ an der neuen österreichischen Regierung vom Dezember 2017 und vor allem ihr Zugriff auf die sicherheitsrelevanten Ministerien Inneres und Verteidigung muss hier stutzig machen. Die aktuelle Beschwörung der Zivilgesellschaft kann nicht darüber hinwegtäuschen, dass längst eine schleichende Militarisierung der europäischen Gesellschaften stattfindet. Überall werden Rekruten gesucht und die Verteidigungsetats aufgestockt. Auf dem Nährboden von Angst- und Sicherheitsdiskursen gedeiht zudem der Überwachungsstaat. Für nichts hat die EU in den vergangenen Jahren so viel Geld ausgegeben beziehungsweise aufgestockt wie für »Surveillance«, Anti-Terror-Maßnahmen oder auch Frontex. Für »mehr Frontex« zu sein (Heinz-Christian Strache) kommt heute einem europäischen Bekenntnis gleich. Unterschwellig verschiebt sich hier das Narrativ von der EU als einer Friedensunion hin zu einer Sicherheitsunion. Wo andere Politikbereiche in der EU längst nicht mehr funktionieren oder nie funktioniert haben, zum Beispiel die Flüchtlingspolitik, ist das Motiv der Sicherheit immer noch geeignet, europäische Einigkeit zu schaffen oder zumindest glaubhaft vorzutäuschen.

Vergleiche hinken: Europa zwischen Weimarisierung und Postdemokratie

Jede Epoche sei unmittelbar zu Gott, schrieb Leopold von Ranke.[2] Insofern wiederholt sich die europäische Geschichte von 1914 bis 1945 nicht.

---

2   Vgl. Ranke, Leopold von: **Über die Epochen der neueren Geschichte: historisch-kritische Ausgabe** (Oldenbourg: München, 1971), S. 60.

Nichts von damals lässt sich ernsthaft mit der heutigen Situation in der EU vergleichen, weder die gesellschaftliche, noch die wirtschaftliche oder politische Struktur, auch nicht der historische oder globale Kontext. Und doch gibt es Parallelen zur ersten Hälfte des 20. Jahrhunderts: eine rasante technologische Beschleunigung – was heute Internet und Roboter sind, waren damals Telegraphenmast und Flugzeug – und eine wachsende Zahl von Modernisierungsverliererinnen und -verlierern – damals die Masse der Landarbeiter und von der Industrie verdrängten Handwerker, heute die unqualifizierten und prekären Arbeitnehmerinnen und Arbeitnehmer. Und nicht zuletzt eine »Krise der Männlichkeit«: Was damals die erste Demontage des Patriarchats durch das Frauenwahlrecht war, ist heute die Forderung nach 40 Prozent Frauen in den Vorständen.[3] »Männlich« ist nach »Bildung« der zweitwichtigste Faktor bei rechtspopulistischen Voten.[4] In seinem Buch *Männerphantasien* beschrieb Klaus Theweleit schon in den 1970er Jahren anschaulich, dass Nationalismus, Militarismus und Faschismus nicht zuletzt eine Reaktion auf die erste Frauenbewegung waren.[5] Auch heute geht es, vor allem bei jungen Männern, vornehmlich um Sicherheit und nationalen Rückzug, gepaart mit dem Wunsch nach starker Führung. Auch in Europa und Deutschland wächst einigen Studien zufolge die Zahl derer, die nicht mehr der Überzeugung sind, dass die Demokratie die beste Staatsform ist.

Fakt ist, dass Europa wieder einen Modernisierungsschub durchläuft, ähnlich dem vor rund einhundert Jahren, und die Frage ist, ob die europäischen Gesellschaften diesen diesmal miteinander – durch einen europäischen Gesellschaftsvertrag – oder wieder gegeneinander auflösen. Die Pfadabhängigkeit der EU produziert über den europäischen Rat sys-

---

3   Vgl. Blom, Philipp: *Der taumelnde Kontinent: Europa 1900-1914* (Hanser: München, 2009).

4   Vgl. Foa, Roberto Stefan / Mounk, Yascha: »The signs of deconsolidation«, in: *Journal of Democracy*, 28/1 (2017), S. 5-15.

5   Vgl. Theweleit, Klaus: *Männerphantasien*, 1.-20. Tsd. (Verlag Roter Stern: Frankfurt/Main, 1977).

temisch nationale Lösungen. Insofern geht es zentral um die Durchbrechung der Macht des Rates im politischen System der EU und stattdessen um die Aufwertung der Souveränität der Bürger*innen als eigentlichem Subjekt der Politikgestaltung in der EU. Anders formuliert: Europäische Integration der Staaten war gestern; jetzt geht es um europäische Demokratie oder eine europäische Bürgerunion, wie schon im Vertrag von Maastricht 1992 versprochen, aber nie eingelöst wurde. Und Demokratie heißt essentiell Parlamentarisierung und Gewaltenteilung. Die EU ist in ihrer aktuellen Verfasstheit von beidem weit entfernt.

Auf dem Titelbild, das der bekannteste deutsche Philosoph, Jürgen Habermas, für sein neuestes Buch über Europa, *The Lure of Technocracy*,[6] gewählt hat, hängen darum zwölf Sterne an Strippen wie bei einer Marionette. Das bestehende EU-System ist also der Inbegriff von ›Post-Demokratie‹, wie Colin Crouch es formuliert hat: »*You can always vote, but you have no choice*«.[7] Aber bis zu einer europäischen Demokratie, in der gemeinsam abgestimmt wird, ist der Weg noch weit.

Augenfällig wird dies ganz konkret an der Unfähigkeit der EU, das EuGH-Urteil zum Verteilungsschlüssel in der Flüchtlingskrise gegenüber Ungarn und Polen durchzusetzen. Aber wenn die EU kein Recht durchsetzen kann, ist sie dann noch eine Rechtsgemeinschaft? Zentral geht es heute mehr denn je in der EU um die Frage: Wer entscheidet? Anders formuliert: Wer ist der Souverän? Die EU weiß es nicht beziehungsweise kann ihre eigenen EuGH-Urteile gegenüber ihren Mitgliedsstaaten nicht sanktionieren. Im Sinne von Max Weber hat sie damit nicht das legitime Gewaltmonopol. Das ist das Problem. Dem nationalstaatlichen Demokratieabbau wie etwa in Polen oder Ungarn kann sie deswegen faktisch keinen Riegel vorschieben.

---

6   Vgl. Habermas, Jürgen: *The Lure of Technocracy* (Polity: Malden, MA, 2015).
7   Vgl. Crouch, Colin: *Post-democracy* (Polity: Malden, MA, 2004).

Europa und seine Bürger*innen

Die europäische Bevölkerung weiß das. Die eine Hälfte der Bürger*innen will darum zurück in den Nationalismus; die andere Hälfte will ein *anderes* Europa. Ein Teil der Zivilgesellschaft, vor allem jüngere Leute, setzten sich darum mit immer mehr Leidenschaft für eine Erneuerung der alten Strukturen ein.

Damit stellt sich die Frage, was wir in diesem gleichsam hegelianischen Moment machen, in dem ein System sich erschöpft, aber gleichzeitig keine Kraft hat, sich zu reformieren, weil es in einer populistischen Schockstarre ist. Im Vertrag von Maastricht 1992 wurden de facto Staat und Markt entkoppelt, indem Währung und Wirtschaft in europäische, Steuer- und Sozialpolitik aber in nationale Hände gelegt wurden: Staat, Industrie und Demokratie bilden heute darum auf europäischer Ebene kein stabiles Dreieck, sondern hebeln einander aus. Die europäische Wirtschaft nutzt den Binnenmarkt und die gemeinsame Währung, ohne sich um Umverteilung und Demokratie zu kümmern. Kurz: Die europäische Demokratie hat keinen ökonomischen Treiber.

Europa ist in dem »unproduktiven Widerspruch«[8] verfangen, dass das politische Projekt Europa in der Hand der Nationalstaaten ist, genau diese Nationalstaaten Europa aber nicht gestalten können; oder, wie der 2015 verstorbene Ulrich Beck es formuliert hat: »Solange wir den Staaten die Autorität über die europäische Integration überlassen, solange kann Europa nicht werden«.[9] Genauer gesagt: die zentrale Rolle des Europäischen Rates im Governance-System der EU steht europäischen Lösungen

---

[8] Menasse, Robert: *Der Europäische Landbote: die Wut der Bürger und der Friede Europas oder Warum die geschenkte Demokratie einer erkämpften weichen muss* (Zsolnay: Wien, 2014).

[9] Vgl. Beck, Ulrich / Livingstone, Rodney: *German Europe*, Engl. ed. (Polity Press: Cambridge, 2013), S. 33.

Die Zukunft Europas 71

systemisch entgegen:[10] Europäische Lösungen funktionieren nicht, weil jeweils ›nationale Interessen‹ geltend gemacht und favorisiert werden.

Souveränität, Einheit, Demokratie

Nicht Integration, sondern Souveränität, Einheit, Demokratie waren darum die Schlagworte, die Emmanuel Macron in seinen beiden Europareden in Athen und an der Sorbonne bemüht hat.

Bereits 1964 hat Walter Hallstein, der erste Präsident der Europäischen Kommission, in seiner berühmten Rede in Rom gesagt: »Ziel Europas ist und bleibt die Überwindung der Nationen und die Organisation eines nachnationalen Europas.«[11] Heute, zu Beginn des 21. Jahrhunderts, ist es an der Zeit, sich wieder daran zu erinnern. Europas Gründungsidee ist gleichsam auch Europas Zukunft! Indes geht es dabei heute nicht mehr um ›mehr Integration‹, wie es oft formuliert wird. Sondern es geht um ein dezidiert anderes Europa. Es geht um die Ausgestaltung einer europäischen Demokratie jenseits von Nationalstaatlichkeit, um die Einbettung des Euros in eine transnationale Demokratie. Europa ist heute wirtschafts- und währungspolitisch fast vollständig integriert. Das Problem ist, dass die politische und die soziale Integration nicht Schritt gehalten haben und asymmetrisch zur wirtschaftlichen Integration stehen. Ein Markt und eine Währung aber bedingen *eine* europäische Demokratie. Funktional besehen ist Demokratie letztlich institutionalisierte Solidarität. Im Sinne des französischen Soziologen Marcel Mauss ist letztlich eine Nation nichts anderes als ›institutionalisierte Solidarität‹ einer Gruppe

---

10 Vgl. Streeck, Wolfgang: *Gekaufte Zeit: die vertagte Krise des demokratischen Kapitalismus: Frankfurter Adorno-Vorlesungen 2012*, erweiterte Ausgabe, erste Auflage (Suhrkamp: Berlin, 2013); Offe, Claus: *Europe entrapped* (Polity: Cambridge/Malden, 2015); Brunkhorst, Hauke: *Das doppelte Gesicht Europas: zwischen Kapitalismus und Demokratie*, Erste Auflage, Originalausgabe (Suhrkamp: Berlin, 2014).

11 Vgl. Hallstein, Walter: *Die EWG im Jahre 1964* (Presse- und Informationsdienst der Europäischen Gemeinschaften: Brüssel, 1964).

von Individuen, die sich ihrer wechselseitigen ökonomischen und sozialen Abhängigkeit bewusst wird, wie er in *Die Nation oder der Sinn für das Soziale* schreibt.[12] Dies genau ist der aktuelle Zustand in der EU. Letztlich ringt Europa, wenn es heute bei den Vorschlägen von Emmanuel Macron um einen europäischen Finanzminister oder einen Euro-Haushalt geht, um nichts anderes als seine institutionalisierte Solidarität, also buchstäblich um seine Nationenwerdung.

Europa und seine sozioökonomischen Unterschiede

Dem kommt zugute, dass die industrielle Leistung beziehungsweise das Wachstum in Europa sich in nationalen Grenzen kaum noch abbilden lassen. Die eigentlichen sozioökonomischen Ungleichgewichte in Europa liegen nicht mehr zwischen den Nationalstaaten. Vor allem herrscht ein großes Ungleichgewicht zwischen Zentrum und Peripherie und ein großes Ungleichgewicht zwischen städtischen und ländlichen Regionen, und zwar überall in der Eurozone – auch innerhalb Deutschlands oder Frankreichs.[13] Innerhalb der Eurozone gibt es keine ›nationalen Volkswirtschaften‹ mehr. Ein deutsches Auto ist nicht ›deutsch‹: Es hat Ledersitze aus Italien, Reifen aus Frankreich oder Schrauben aus Slowenien, landet aber am Ende in der deutschen Exportstatistik. Abgesehen davon, dass Volkswirtschaften wie zum Beispiel Slowenien weitgehend von der deutschen Automobilindustrie abhängen und in diesem Sinne gar keine autonomen Volkswirtschaften sind.[14] Nur bei der institutionalisierten Solidarität wurde der gedankliche Sprung in ein gemeinsames Europa noch nicht gemacht.

---

12   Vgl. Mauss, Marcel / Honneth, Axel: *Die Nation oder der Sinn fürs Soziale*, Originalausgabe 1934 (Campus Verlag: Frankfurt/Main / New York, 2017), S. 32ff.

13   Vgl. Ballas, Dimitris / Dorling, Daniel / Hennig, Benjamin: *The social atlas of Europe* (Policy Press Bristol: UK, 2014).

14   Vgl. Pogátsa, Zoltán: *Álomunió: európai piac állam nélkül: tud-e az Európai Unió több lenni, mint piac?: tudja-e Magyarország, hogy miért lépett be?* (Nyitott Könyvműhely: Budapest, 2009).

Es wird national gemessen, was gar nicht mehr national zu messen ist, etwa Produktivität, Exporte etc. Im Grunde ist es aber Unsinn, innerhalb *eines* Währungsraumes die Exportstatistiken auf nationaler Basis zu messen. Unterschiede zwischen Hessen und Brandenburg zum Beispiel werden auch nicht gemessen.

»Euroland« muss deswegen perspektivisch als aggregierte Volkswirtschaft mit einer volkswirtschaftlichen Gesamtrechnung verstanden werden, denn sonst setzen man die Euro-Staaten – und damit ihre Bürger*innen – zueinander in Konkurrenz: Man operiert innerhalb eines Währungsraumes und einer Wertschöpfungskette mit ungleichen Steuern, Löhnen und sozialen Rechten. Durch diesen nationalstaatlichen Politikansatz der EU bzw. der Eurozone wird de facto die Schutzfunktion des Staates pervertiert, den dieser für seine Bürger*innen hat: Die Euro-Mitgliedstaaten befinden sich in einem *race-to-the-bottom*-Wettbewerb auf dem Rücken der europäischen Bürger*innen. Staaten aber sollten eigentlich gleiche Rechte für ihre Bürger*innen garantieren. Denn Staaten obliegt eigentlich die Sorge für ihre Bürger*innen; nicht für ihre Märkte. Im Euro-System hingegen ist dies genau umgekehrt: die Euro-Staaten setzen ihre Bürger*innen zueinander in Wettbewerb, um der ›nationalen‹ Industrie jeweils bestmögliche Bedingungen zu garantieren. Innerhalb ein und derselben nationalstaatlichen Demokratie wäre das nicht möglich: Von Rügen bis München bekommen in der Bundesrepublik trotz regionaler Unterschiede am Ende alle das gleiche Arbeitslosengeld oder Hartz IV.

Der allgemeine politische Gleichheitsgrundsatz

Unterschiedliche bürgerliche und soziale Rechte in Europa, vor allem innerhalb der Eurozone, sind aber genau das Problem, das den Weg zu einem transnationalen europäischen Gemeinwesen verstellt. Es geht nicht um nationale Konkurrenz, sondern es geht in allen europäischen Staaten um Globalisierungsverlierer versus Globalisierungsgewinner, die in den politischen Prozessen der Europäischen Union indes nicht angemessen berücksichtigt werden.

Der Zulauf für populistische Stimmen und Strömungen ist so heute ein überwiegend ländliches Problem, und zwar überall in Europa. Aus einer ländlichen, sozialen Krise wird so eine europäische Wahlkrise, und die Ergebnisse davon sieht man bei beinahe jeder Wahl, bei der ländliche Regionen mit hoher Arbeitslosigkeit den populistischen Parteien ihre Stimme geben. Die ländliche soziale Krise von heute ist die europäische Krise von morgen!

Doch Strukturreformen – das ewige *buzzword* der EU – helfen da nicht, denn wo nichts ist, kann nichts reformiert werden. Von den sechs Milliarden Euro, die 2013 zur Bekämpfung der Jugendarbeitslosigkeit bereitgestellt wurden, sind nur ca. 25 Millionen abgerufen worden, weil es in den ländlichen Regionen Südeuropas keine Infrastruktur, keinen Mittelstand, und damit auch kein duales Ausbildungssystem für junge Leute gibt. Die Erinnerung daran, dass Ökonomie in erster Linie Kultur ist und mithin etwas mit Geschichte und Geographie zu tun hat, wie Montesquieu schon im *Geist der Gesetze* schrieb,[15] fehlt in der heutigen Betrachtung der Krise vollends. Die EU sprengt ländliches Leben, anstatt dezentrale Lebenswelten zu erhalten, in denen organisches Wirtschaften möglich ist.

Durch Anwendung des allgemeinen Gleichheitsgrundsatzes für alle europäischen Bürger*innen – beginnend mit der Eurozone – würde zur Gleichheit der Marktteilnehmer im Binnenmarkt die Gleichheit der europäischen Bürger*innen addiert: Genau dies wäre der Sprung von einem Binnenmarktprojekt, das im Wesentlichen über europäisches Wettbewerbsrecht und angleichende Rechtsakte eine Integrationsdynamik

---

15 Vgl. Montesquieu, Charles Louis de Secondat de / Weigand, Kurt: *Vom Geist der Gesetze*, Bibliogr. erg. Ausg. (Reclam: Stuttgart, 2011).

entfaltet hat,[16] hin zu einem politischen Gemeinwesen, das der *Res Publica Europaea* – dem öffentlichen Wohl der europäischen Bürger*innen – verpflichtet wäre. Denn bisher gelten in der EU-Rechtsgemeinschaft von den Ölkännchen bis zur Glühlampe die gleichen Vorschriften; nur die europäischen Bürger*innen genießen keine Rechtsgleichheit. *Ius Aequum*, gleiches Recht aber ist die Grundlage jeder Demokratie. Und diejenigen, die sich in einen politischen Körper auf der Grundlage gleichen Rechts begeben, begründen eine Republik. Würden die europäischen Bürger*innen dies tun, würden sie eine Europäische Republik begründen. Das wäre der Paradigmenwechsel von den Vereinigten Staaten Europas, die auf der Integration von Nationalstaaten und ihrer Souveränität beruhen, hin zu einer Europäischen Republik, bei der die Souveränität bei den Bürger*innen Europas liegt, und die in einem Europäischen Parlament – und nicht in einem opaken EU-Rat – als zentralem Organ der Meinungsfindung und Entscheidung repräsentiert werden müsste. Denn de facto ist die schon im Maastrichter Vertrag von 1992 versprochene Bürgerunion politisch nie eingelöst wurden. In der EU ist die Bürger*in nicht der Souverän des politischen Systems und die europäischen Bürger*innen sind nicht gleich vor dem Recht. Dies zu ändern wäre ein radikaler Neuanfang für Europa, der allein den Weg zu einer europäischen Demokratie weisen würde. Anders formuliert: Dem einen Euro und der einen IBAN müsste perspektivisch die eine europäische Sozialversicherungsnummer für alle europäischen Bürger*innen folgen. Dann wäre im Cicero'schen Sinne *ius aequum* gegeben und eine Europäische Republik begründet, von der schon Victor Hugo 1872 in einem Brief schrieb: »*À coup sûr, cette chose immense, la République européenne, nous l'aurons.*« Die europäische Solidarität wäre institutionalisiert, Europa wäre de facto im Mauss'chen Sinne eine Nation.

---

16 Vgl. Grimm, Dieter: »Europa ja – aber welches?«, in: Merkur 12 (2014), S. 1.045–1.958.

Wie dahin gelangen? Von normativer Gleichheit und kultureller Vielfalt

Zunächst gilt es festzuhalten, dass die europäischen Bürger*innen einer solchen europäischen Demokratie nicht unbedingt ablehnend gegenüberstehen. Mehrheiten zum Beispiel für eine europäische Arbeitslosenversicherung sind laut einiger sozialwissenschaftlicher Studien vorhanden. Europa entsteht also nicht über die gemeinsame Identität oder den »europäischen Demos«, die immer vermisst werden, sondern über das gemeinsame Recht. Es ist die Konvergenz von Recht, die Gemeinsamkeit entstehen lässt, in diesem Fall von Wahlrecht, Steuerrecht und sozialen Anspruchsrechten. Auch der Euro war de facto nichts anderes als eine rechtlich fixierte Stichtagsregelung für monetäre Konvergenz. Rechtskonvergenz indes ist keine Zentralisierung, die bei einem europäischen Einigungsprozess ja immer unterstellt wird. In der Bundesrepublik zum Beispiel gibt es Hartz IV für alle Bürger*innen von Rügen bis München, obgleich beide Regionen kulturell sehr unterschiedlich sind und zum andern die Bundesrepublik kein zentralistischer Staat ist.

Ein allgemeines, gleiches und direktes Wahlrecht (»Eine Person, eine Stimme«) für ganz Europa wäre darum der nächste wichtige Schritt, wenn es gilt, auf unserem Kontinent eine politische Einheit zu begründen, die letztlich die wirtschaftliche Einheit von Binnenmarkt und Euro erst legitimiert. Erst dann kann das Europäische Parlament zum Sachwalter einer europäischen Demokratie werden, die ihren Namen verdient und deren Souverän die europäischen Bürger*innen sind. Anders formuliert: Wir müssen das Erbe der Französischen Revolution europäisieren: Aus der Bundesrepublik, der République Française, der Republik Österreich, der Repubblica Italiana oder der Rzeczpospolita Polska wird eine Europäische Republik durch allgemeine und gleiche Wahlen, begründet auf dem Gleichheitsgrundsatz aller europäischen Bürger*innen.

Nun wird sofort der Einwand kommen, dass ein solcher Schritt die großen Staaten, allen voran Deutschland, gegenüber den kleinen wie Luxemburg oder Malta übervorteilt. Doch das ist genau der Punkt: *Poli-*

tics tops Nation! Stimmen denn etwa alle Deutschen gleich ab? Wir hätten endlich ein Parlament, in dem das Politische über die Nationalität gestellt würde. Das ist zwar auch der Anspruch des Europäischen Parlaments. Aber dieses ist weder der Gesetzgeber der EU, noch beruht es auf Wahlrechtsgleichheit. Es ist nicht der Ort der europäischen Demokratie, eben weil es nicht in allgemeiner und gleicher Wahl gewählt ist und mithin den Souverän Europas, die europäischen Bürger*innen, nicht angemessen repräsentiert und obendrein kein Initiativrecht hat.

Eine neue europäische Bewegung müsste heute, entlang der Vorschläge von Emmanuel Macron in seinen beiden Reden von Athen vom 7. September und von Paris/Sorbonne am 26. September 2017, auf eine volle Parlamentarisierung des europäischen Systems zielen. In beiden Reden entwickelt er maßgeblich den Begriff einer europäischen Souveränität, die auf verschiedene europäische Politikziele gerichtet ist, von der Sicherheitspolitik über eine europäische Staatsanwaltschaft bis hin zur einer Eurozone mit einer grundlegend restrukturierten Legitimität.

Utopie ist, was wir machen

Sich genau das für das heutige Europa vorzustellen, scheint für viele unvorstellbar. Es war 1870 aber auch für die deutschen Territorien des Deutschen Bundes unvorstellbar: »Eine einheitliche deutsche Sozialversicherung – nie!«, hat man damals gerufen. Und dann kam Bismarck und es ging doch. Was auf europäischer Ebene langfristig vorstellbar und durchsetzbar ist, vermag darum niemand zu sagen; im Gegenteil, die Überlegungen zu einer gemeinsamen europäischen Arbeitslosenversicherung haben in Brüssel längst begonnen.[17]

Die gute Nachricht ist, dass die europäischen Bürger*innen den

---

17 Vgl. o. A. (o. J.): 2008_S01_dullien_ks.pdf. Text abrufbar unter: https://www.swp-berlin.org/fileadmin/contents/products/studien/2008_S01_dullien_ks.pdf (Zugriff am 18.12.2017).

Grundsatz der politischen Gleichheit in ihrer Mehrheit schon längst akzeptiert haben. Laut einer sozialwissenschaftlichen Studie ist dieser Grundsatz – auch mit Blick auf soziale Leistungen – bei ca. ⅔ der europäischen Bürger*innen längst akzeptiert.[18] Die Bevölkerung scheint hier also weiter als ihre politischen Eliten zu sein, die derzeit dem populistischen Druck hinterherlaufen. Daher bedarf es nicht der Diskussion über eine europäische Identität, die es nicht gibt und nie geben wird, sondern das europäische Mantra von der »Einheit in Vielfalt« heißt immer nur normative Einheit bei kultureller Vielfalt.

Dafür würde ein politisches System in Europa reichen, das dem Prinzip der Gewaltenteilung nach Montesquieu entspricht: eine europaweite Legislative kontrolliert eine europäische Exekutive. Ein nach gleichem Wahlrecht gewähltes Eurozone-Parlament würde mit vollem Legislativrecht ausgestattet. Demokratie, wie man sie kennt! Das Europäische Parlament müsste Gesetzesinitiativen einbringen können, also volles Initiativrecht und damit auch Budgetrecht bekommen, und das sogenannte ordentliche Gesetzgebungsverfahren, das die Zustimmung beider Kammern erfordert, müsste auf alle Politikfelder ausgedehnt werden. Die europäischen Regionen könnten einen Europäischen Senat als Zweite Kammer begründen. Dazu könnte der europäische Präsident direkt gewählt werden.

Die Europäische Republik wäre dann eine Art europäisches Netzwerk aus autonomen Regionen und Städten, über die das Dach einer Europäischen Republik gespannt wäre, das die politische Gleichheit aller Bürger*innen garantiert. Die europäischen Regionen und Metropolen als konstitutive Träger einer Europäischen Republik würden über eine transnationale Demokratie miteinander verklammert, deren wesentliche

---

18 Vgl. Gerhards, Jürgen / Lengfeld, Holger: *Wir, ein europäisches Volk? Sozialintegration Europas und die Idee der Gleichheit aller europäischen Bürger* (Springer VS: Wiesbaden, 2013).

drei Pfeiler erstens ein pro-rata-Parlament, zweitens ein Kongress mit je zwei Senatoren pro Region/Metropole und drittens die identitätsstiftende Direktwahl eines europäischen Präsidenten wären, so wie es heute auch schon in zahlreichen Parteiprogrammen vorgeschlagen wird. Der Charme bestünde darin, dass die zugleich großen und föderal organisierten Euro-Staaten (also vor allem Deutschland, aber auch Spanien oder Italien) in ihre autochthonen Regionen dekonstruiert würden, und damit vor allem Deutschland keine hegemoniale Machtposition im europäischen *Governance*-System mehr einnehmen könnte: 50 etwa gleichgroße Regionen in Europa stellen ein anderes »*level-playing field*« dar[19] als die derzeitigen 19 Euro- bzw. 28 (bald 27) EU-Staaten, in dem die drei (zu) großen EU-Mitgliedsstaaten zu Dominanz und die kleineren Mitgliedsstaaten zu Blockadehaltungen neigen. Europa wäre, was es immer sein sollte: die Überwindung der Nationalstaaten. Savoyen, Alemanien, Eupen-Malmedy, Böhmen oder Elsass, Baskenland, Schottland oder Bayern, sie alle hätten ihren kulturellen Platz in einer Europäischen Republik, auch die katalanische Frage wäre *en passant* gelöst.

In diesem Zusammenhang sei abschließend darauf hingewiesen, dass die europäischen Föderalisten der ersten Stunde, die inmitten des Faschismus in den 1920er-, 1930er- und 1940er-Jahren einen konzeptionellen Vorgriff auf ein geeinigtes Europa getätigt haben, die Idee eines Europa der Regionen im Kopf hatten, ein Europa als Föderation etwa gleichgroßer, regionaler Einheiten, damit die großen Nationalstaaten nicht die kleinen dominieren. Der Schweizer Denis de Rougemont und andere waren davon überzeugt, dass das neue Europa konsequent nachnational sein muss. In *Small is beautiful* argumentiert der Österreicher Leopold Kohr schon 1972 überzeugend, dass nur eine Verankerung Europas im Regionalen die

---

19 Guérot, Ulrike: *Warum Europa eine Republik werden muss! Eine politische Utopie* (Dietz: Bonn, 2016).

Lösung sein kann, unter anderem weil dies dem Montesquieu'schen (und von Hannah Arendt wiederbelebten) Konzept einer »Föderation aus kleinen Einheiten« am besten entspräche. Europa würde in beide Richtungen gewinnen: Handlungsfähigkeit in der internationalen Arena nach außen; Bürgernähe und regionale Identität nach innen.

Die heutige Europäische Union ist nicht stabil. Ohne einen entscheidenden Schritt nach vorn wird sie in ihrer heutigen Form nicht zu erhalten sein. Europa braucht ein klares Ziel, eine klare Richtung und Perspektive, eine emanzipatorische Agenda, eine konkrete Idee von sich selbst. Der eine europäische Markt und die eine europäische Währung müssen um eine europäische Demokratie ergänzt werden, denn eine Währung ist schon ein Gesellschaftsvertrag. Dies wäre die entscheidende Wegmarke, um das politische System der EU von einer »Staatenunion«, die im Wesentlichen über einen nur indirekt legitimierten EU-Rat »regiert« wird, in eine wirkliche europäische Demokratie zu überführen, in der am Ende nur eines gelten kann: Die Bürgerinnen und Bürger sind der Souverän des politischen Systems, vor dem Recht sind sie alle gleich, das Parlament entscheidet und es gilt Gewaltenteilung. Der allgemeine politische Gleichheitsgrundsatz ist der Sockel jeder Demokratie. Es wäre die große Reformation Europas! Um diesen radikalen Neuanfang Europas zu bewerkstelligen, müssten wir uns nur an jene Definition der Nation von Theodor Schieder, einem im Übrigen konservativen Historiker, erinnern, der bereits 1963 bemerkt hat: »Nation, das heißt in erster Linie Staatsbürgergemeinschaft und Sprache, Ethnie oder Kultur.« So gesehen stehen wir – vielleicht oder hoffentlich – kurz vor der Nationalwerdung Europas im Sinne einer Europäischen Republik!

Aachen
Berlin
Bremen
Dresden
Frankfurt
Hamburg
Köln
Luxemburg
München
Paris
Prag
Warschau
… und viele mehr!

pulseofeurope.eu

Die IG Metall ist die weltweit größte Einzelgewerkschaft und vertritt die Interessen der Arbeitnehmerinnen und Arbeitnehmer in den Branchen Metall, Elektro, Stahl, Textil, Bekleidung, Holz, Kunststoff und Informations- und Kommunikationstechnologie. Ihre Mitglieder engagieren sich für ihre Lebens- und Arbeitsbedingungen und setzen sich für ein soziales, demokratisches und friedliches Europa ein.

igmetall.de

European Democracy Lab

The European Democracy Lab is a think tank generating innovative ideas for Europe. We promote the European common good beyond the nation state. The core issue of the Lab is to develop a transnational paradigm and explore alternative conceptions of the European polity.

We connect research, advocacy and culture.

europeandemocracylab.org

Der DGB, der Bund der Gewerkschaften, macht sich stark für eine solidarische Gesellschaft. Arbeit und Einkommen müssen gerecht verteilt werden und Menschen unabhängig von Herkunft, Hautfarbe und Geschlecht die gleichen Chancen erhalten. National und international vertritt er die Gewerkschaftsbewegung und ist die politische Stimme der Mitgliedsgewerkschaften mit rund 6 Millionen organisierten Arbeitnehmerinnen und Arbeitnehmern. Damit ist der DGB einer der größten Gewerkschaftsbünde der Welt.

dgb.de

OSKAR NEGT, geboren 1934, gilt als einer der bedeutendsten Sozialwissenschaftler Deutschlands. Er studierte bei Max Horkheimer und promovierte bei Theodor W. Adorno in Philosophie. Er legte zusätzlich sein Diplom in Soziologie ab. 1962 bis 1970 arbeitete er als Assistent von Jürgen Habermas. Während der Studentenbewegung von 1968 trat er als einer der Wortführer der Außerparlamentarischen Opposition auf. Von 1970 bis 2002 war Negt Professor für Soziologie in Hannover. Seine Schriften sind zusammengefasst in einer zwanzigbändigen Werkausgabe bei Steidl erschienen. 2011 wurde Negt für sein politisches Engagement mit dem August-Bebel-Preis geehrt.

ULRIKE GUÉROT, geboren 1964, ist Politikwissenschaftlerin und seit 2016 Professorin für Europapolitik und Demokratieforschung an der Donau-Universität Krems/Österreich. Sie ist Gründerin des *European Democracy Labs* an der European School of Governance in Berlin. Von ihr erschien u. a. *Warum Europa eine Republik werden muss!* Ihr aktuelles Werk *Der neue Bürgerkrieg. Das offene Europa und seine Feinde* ist bei Ullstein erschienen. Seit Oktober 2017 hat sie die Alfred-Grosser-Gastprofessur an der Goethe-Universität Frankfurt inne.

TOM KEHRBAUM, geboren 1971, war Industriemechaniker, studierte Verfassungsgeschichte, Arbeitsrecht und Sozialpolitik in Frankfurt am Main, danach Philosophie und Pädagogik in Darmstadt. Er war Fellow am Kolleg Friedrich Nietzsche in Weimar und arbeitet heute beim Vorstand der IG Metall in Frankfurt am Main in der gewerkschaftlichen Bildung. Dort leitet er transnationale Bildungsprojekte und entwickelt den Wissenschaft-Praxis-Transfer.

EMANUEL HEROLD, geboren 1986, hat Anglistik, Philosophie und Gesellschaftstheorie in Greifswald und Jena studiert. Er promoviert aktuell zur Geschichte und Aktualität utopischen Denkens. 2017 hat er die Bremer *#PulseOfEurope*-Ortsgruppe mitgegründet. Seit kurzem arbeitet er für die Bremer EU-Abgeordnete von Bündnis 90 / Die Grünen, Helga Trüpel.